화교 역사·문화 답사기 1

화교 역사·문화 답사기 1

초판인쇄 2017년 12월 11일
초판발행 2017년 12월 15일

지은이 김동하
펴낸이 김중용

총괄기획 박노일·최준규
편 집 심성보·김인숙

펴낸곳 마인드탭 MIND TAP
경기도 파주시 책향기로 441, 1004동 1004호(동패동, 책향기마을)
등록 제406-2014-000093호
전 화 070)7550-3758 팩 스 02)718-8554
홈페이지 www.mindtap.co.kr 이메일 pnc@pncmedia.co.kr
ISBN 979-11-86672-65-5 04910
979-11-86672-64-8 (세트)

※ 마인드탭은 피앤씨미디어의 자매 브랜드입니다.

정 가 12,000원

화교 역사·문화 답사기 1

김동하 지음

마인드탭
MIND TAP

머리말

화교(華僑)는 일반적으로 중국 본토 외의 국가나 지역에서 거주하고 있는 중국계 사람을 가르킨다. 여기서 화(華)는 중국을 의미하며, 교(僑)는 타국에서 임시로 거주함을 뜻한다. 문헌을 참고하면, 실크로드가 시작되었던 진시황의 진나라(기원전 221년), 유방의 서한(기원전 202년) 시대부터 중국인이 해외에 거주한 것으로 나타난다. 중국 시안에서 로마로 이어졌던 실크로드에서 활약했던 이들 차이나 머천트, 즉 중국 상인들을 초대 화교들이라고 불러도 틀리지 않을 것이다.

이후 중국 역사상 가장 풍성한 문화 제국을 이루었던 당나라(618~907) 시기에도 상인들이 해외로 많이 진출했으며, 남송(1276)이 멸망하자 많은 유신(遺臣)들이 동남아 지역으로 유출된 기록이 문헌에 남아 있다. 대규모 화교를 발생시킨 또 하나의 역사적 이벤트는 명나라 정화(鄭和. 1371~1433)의 7차례에 걸친 대항해이다. 당시 발생한 10만 명 이상으로 추산되는 화교들은 동남아 각지에서 생존하기 위해 집단적으로 함께 거주함으로써 중국 민족의 독특한 특성을 가진 화교 사회를 형성하기 시작했다. 근대에 들어서는 아편전쟁(1840~1842)이 종료된 후, 영국에 의해 강제로 개방된 홍콩을 비롯한 광둥성, 푸젠성 두 성 내 연해 도시(산터우, 샤먼, 마카오)를 중심으로 저임금의 노동자(쿨리)들이 미국을 비롯한 세계 각지로 송출되었다. 이들은 19세기부터 전 세계에서 화교 1세대로 자리 잡게 된다.

이처럼 시기적으로 길게는 2천여 년, 지리적으로는 동남아를 중심으로 남미까지 연결된 화교 역사·문화를 답사하기에는 아마도 한 사람의 일생을 바쳐도 부족할 듯 싶다. 그러나 시작이 반이라고 했던가, 이러한 '블록버스터 급' 답사기를 시작할 수 있는 기회가 본인에게도 왔다. 대학인문역량강화사업(CORE사업)은 대학 인문분야 프로그램 지원을 통해 기초학문인 인문학을 보호 육성하는 교육부의 재정지원 사업이다. 저자가 근무하는 부산외대는 2016년에 외국어 교육역량과 지역학 연구역량을 인정받아 16개 지원대학(1차) 중 하나로 선정되었다. 이에 부산외대는 CORE사업 내에서 여러 가지 프로그램을 진행하고 있는데, '글로벌 인문학 테마로드'는 지도교수와 학생들이 한 팀을 이루어 자유롭게 정한 주제로 현지를 탐방하고, 그 결과물을 교내외 인문학 확산에 활용하는 것을 목적으로 하고 있다. 이를 통해 본인에게도 부산외대 재학생들과 함께 화교 역사·문화 답사에 나설 수 있는 기회가 주어진 것이 이번 답사기의 시초이다.

본서의 제목을 '감히' 화교 역사·문화 답사기로 달았는데, 먼저 여러 역사·문화 전문가들에게 양해를 구하고자 한다. 본인의 전공은 중국경제이며, 그중에서도 중국산업과 기업 분야에 가장 많은 연구경력을 투입해 왔다. 따라서 문화인류학적 관점에서 보는 화교보다는 비즈니스 관점에서 보는 화교 상인들을 더 많이 관찰할 기회가 있었던 것이 사실이다. 또한 본인은 역사학자도 아니며 문화에도 일천(日淺)하다. 다만 문화란 '사회 구성원이 사회적으로 학습되고 공유되는 지식, 신념, 예술, 도덕, 법률, 관습, 생활방식 등의 총체'라는 학술적 정의로 위안을 삼고자 하였다. 그나마 답사(踏査)는 저자가 자신 있는 분야이다. 답사는 그곳에 실지(實地)로 가서 보고 자세히 조사함을 의미한다. 밟다라는 의미를 가진 답(踏)은 형성문자로 뜻을 나타내는 발족(足)部와 음을 나타내는 동시에 겹친다는 뜻의 沓(답)으로 이루어진 한자이다. 답(沓)은 회의문자로 말(曰)과 물(水)이 합자(合字)하여, '물이 흐르듯이 이야기함'의 뜻을 가지고 있다. 다시 풀어 설명하면, 답사는 실제 현지를 방문하여 조사한 결과를 자연스럽게 이야기한다는 의미이다.

한국이 중국과 수교한 1992년 8월 이전부터 지금까지 필자는 무역회사원, 대학원생, 베이징 주재 연구원, 대학교수 신분으로 중국 내 많은 도시들을 '답사'했다. 이제 그 이야기를 '화교'라는 큰 주제와 역사와 문화라는 얼개를 가지고 여러 독자분들에게 들려드리고자 한다.

중국 화교의 시발점을 생각하고 이번 답사를 준비하면서 첫 번째 목적지를 중국 본토로 정했고, 그중에서도 화교의 대부분을 창출한 광둥성과 푸젠성을 골랐다. 답사 역시 시간과 경비의 제약이 있기에

효율적으로 움직여야 했다. 짧은 시간에 가장 축약된 정보를 흡수할 수 있는 방법은 시대와 주제를 관통한 유물을 모아 놓은 박물관을 방문하는 일이다. 다행히 중국 2대 화교박물관은 우리 팀이 가고자 했던 광둥성 광저우시와 푸젠성 샤먼시에 있었다. 따라서 이들 두 곳을 중심으로 1차 답사 루트를 계획했으며, 이외에도 화교 발생의 배경, 중국경제에서의 역할 등을 현장에서 확인할 수 있는 홍콩을 목적지로 선정했다.

2016년 12월부터 2017년 1월까지 이루어진 1차 답사 결과는 교과서에 쓰여진 내용들을 박물관과 여러 현장에서 확인할 수 있는 좋은 기회였다. 답사 결과의 교내외 확산을 위하여 고민하던 중 부산 주요 일간지인 국제신문 온라인판에 2017년 1월 26일부터 '김동하 교수의 화교 역사·문화 답사기'라는 제목으로 6월 28일까지 생생한 영상 자료와 함께 9회에 걸쳐 연재된 바 있다. 또한 '길 위에서 세계를 만나다'라는 주제로 부산 시민을 대상으로 한 시민인문강좌도 개최되어, 1차 답사 결과와 화교에 대한 일반적인 내용을 강의할 기회도 있었다. 이를 통해 대학 인문학 교육의 대중 확산이라는 당초 답사 목표에도 조금 다가섰다는 판단이다.

1차 답사를 마치고 고맙게도 여건이 허락되어 답사 내용을 단행본으로 출간하기로 결정되었다. 이에 1차 답사 때 못 간 곳을 추가로 방문하여 여러 가지 내용을 보완하고자, 2017년 7월부터 8월까지 2차 답사를 다녀오게 되었다. 2차 답사 루트는 또 다른 화교들의 고향이자 중국객가박물관이 위치한 광둥성 광저우, 메이저우, 장먼이었다. 이처럼 2차례에 걸친 화교역사·문화 답사와 그간 저자의 중국 현지 방문경험 그리고 관련 연구 실적들이 모여 부족하지만 한 권의 책으로 탄생하게 되었다.

본고를 작성하는 데 여러 분들의 도움이 있었다. 먼저 중국 방문시 도움을 주신 주한중국대사관 부산총영사관 우이(武藝) 부총영사께 감사드린다. 1차 답사때 홍콩-선전-광저우-샤먼-상하이 루트를 동행한 김영빈, 서지현, 박영주, 김동호 재학생들도 수고가 많았다. 이번 답사의 단초를 제공하여 준 부산외대 CORE사업단(김우성 단장)에게 감사드린다. 부족한 1차 답사 결과를 신문에 게재할 기회를 주신 국제신문 최현진 디지털 뉴스팀장님께도 감사드린다. 본 단행본 작성을 위해 자료 수집에 도움을 주신 부산외대 중앙도서관, 신현상, 김재은, 권병철, 김도희, 김희경, 류은선, 심선희, 안준숙, 진은혜 선생님께도 고마움을 표한다. 중국지역학회 곽복선 회장님과 회원들께서는 올바른 답사 루트 설정에 많은 조언을 아끼지 않으셨다. 끝으로 본 답사기를 한 권의 책으로 만들어주신 피앤씨미디어 최준규 전무님께 감사의 말씀을 전한다.

부족한 이 답사기가 독자들의 사랑을 받는다면 광동·복건 지역을 주로 다룬 이번 호 외에도 중국 내 다른 지역, 동남아시아 각국, 남미와 미주 등과 같이 주요 화교들의 여정지를 돌아볼 원대한 계획표를 연구실 서가에 붙여 놓았다. 이제 작은 첫 걸음이지만 큰 걸음이 될지도 모를 '화교 역사·문화 답사기'를 여러분과 함께 시작하고자 한다.

2017년 10월
남산동 연구실에서 지은이 김동하

차 례

화교의 개념과 정의

화교(華僑)는 일반적으로 중국 본토 외의 국가나 지역에서 거주하고 있는 중국계 사람을 가르킨다. 여기서 화(華)는 중국을 의미하며, 교(僑)는 타국에서 임시로 거주함을 뜻한다. 그러나 중국 국적을 가진 사람들 중 다수가 이미 현지국적을 취득했고, 화교들의 자손은 2세 3세로 시간이 흐름에 따라 지금은 현지 국적을 가진 화교가 대부분을 차지하고 있다. 따라서 이들은 화교와 구분하여 화인(華人)이라고 부르기도 한다. 화교라는 용어는 1911년 신해혁명 이후에 모든 해외 거주 중국인에게 보편적으로 사용되었다.[1]

중국 국무원이 1984년 공포한 '화교, 귀국화교, 화교학생, 귀국화교학생, 화교가족 등 신분에 대한 해석' 규정에 따르면 화교는 '국외에 거주하는 중국 공민'을 지칭한다.[2] 즉 중국 국적을 소지하는 중국인인 셈이다. 그러나 혈통과 국적을 기준으로 볼 때, 현지 국가 국적 취득 여부에 따라 화교인지 혹은 화민(華民)인지를 구분해야 한다고 주장하는 학자들도 있다. 이들 학자들의 주장을 종합하면, 화교는 중국인으로써 외국 영역에 이주 또는 임시 거주(僑居)하고 중국 국적을 상실하지 않은 자이다. 또한 화교는 중국인으로써 타국이나 타국의 영토에 이주하여 그곳에 사회경제적 여건을 설정한 화민(華民)으로 규정하기도 한다.[3] 각 학자들이나 화교 관련 기관(중국 및 대만)에서 명시한 화교에 대한 정의를 종합하면 다음과 같다.

1 김두진(1990), 중국의 대ASEAN 화교정책, 「아세아연구」 84호, 278쪽.
2 ≪关于华侨、归侨、华侨学生、归侨学生、侨眷等身份解释(试行)≫的通知(1984. 6. 23). 国务院侨务办公室. 华侨: 指定居外国的中国公民。
3 손준식(1999), 화교경제권과 중국의 화교정책, 「민족발전연구」 3집, 157쪽.

화교(華僑)

19세기 말부터 사용되기 시작한 가장 보편적인 용어로 해외에 거주하는 중국계 민족을 통칭하였다. 그러나 거주국에서 현지인과 동화하여 중국 국적을 포기하는 경우가 증가하면서, 화교의 의미는 보다 엄격하게 국외에 거주하는 중국 국적 유지자만을 지칭하는 개념으로 점차 범위가 축소되어 사용되고 있다. 따라서 협의의 '화교'는 이미 고인이 된 중국인 1세들이 대부분이었다.[4] 중국 국무원의 관련 법규정에 따르면 화교는 중국 국적을 보유한 자로 정당한 권리가 침범 받게 되면 중국정부의 보호대상이 된다.

화인(華人)

화인은 태어난 곳도 중국이 아니며 현지 언어를 사용하고 국적도 현지국적을 취득하여 그곳 시민으로 정착하여 살고 있는 중국계 사람들을 지칭한다. 중국인과 화교를 포함한 가장 광범위한 개념이다. 현재는 중국 이외의 지역에 살면서 중국 국적을 포기하고 거주국 국적을 취득한 중국계를 통칭하는 말이다. 대부분 화교 2~3세들로 중국계 미국인(Chinese American), 중국계 말레이시아인(Malaysian Chinese) 등으로 통칭되고 있다.

중국 국무원의 관련 법규정에 따르면 화인은 현지국가의 국적을 가지고 있기 때문에 정당한 권리가 침범 받게 되더라도 중국정부의 보호대상이 되지 않는다. 그러나 '중화민족'이라는 공동의 민족적 입장에서 원조나 지원 대상이 될 수 있으며, 거주국 국적을 포기하고 중국국적을 회복할 경우 중국정부의 보호를 받을 수 있는 길도 있다.

4 조정원(2009), 중국의 화교 정책에 대한 연구, 「민족연구」 37권, 123쪽.

거삼원(1996)에 분류에 따르면 광의의 화인은 중국 혈통을 갖는 자에 대한 총칭이며, 협의의 화인은 외국 국적을 취득한 화족인(華族人. Ethnic Chinese)을 가리킨다.[5]

화상(華商)

화상은 화교는 물론이고 화인 혹은 화예(華裔)들 중에서 주로 자영업에 종사하는 중국계 상인을 의미한다. 차이나 머천트(China Merchant) 혹은 차이나 비즈니스맨(China Businessman)이 화상이다. 1991년부터 열리고 있는 세계화상대회는 이들을 위한 글로벌 비즈니스 플랫폼이다.

화예(華裔)

화예는 중국계 혹은 화교의 자손으로 거주국의 국적을 취득한 중국계 후손을 의미한다. 예(裔)는 후손을 의미하는 한자이다. 화예는 일반적으로 중국인들의 자손으로 중화민족의 특징을 가지고 있기는 하나 민족적인 연계가 희박한 부류를 지칭한다. 일반적으로 선조가 5대 이상 현 거주국에 살아왔던 집안의 후예이면 이들을 화예로 지칭하고, 이보다 역사가 짧으면 화인으로 구분하고 있다.[6]

귀교(歸僑), 교권(僑眷)

귀교와 교권은 중국에서 법률·법규 용어로도 쓰인다. '귀교' 혹은 '귀국화교'는 귀국 교포, 즉 화교 혹은 화인으로 해외에 거주하였다

5 거삼원(1996), 중국의 화교정책과 재외화교기업의 중국대륙 투자, 「중소연구」 69집, 61쪽.

6 조정남(1998), 중국인의 민족상황과 화교집단, 「민족연구」 1호, 39쪽.

가 중국에 귀국하여 국적을 취득한 사람이다.[7] 교권에서의 권(眷)은 혈연관계가 있는 사람(겨레붙이)을 의미하는 한자이다. 교권은 화교·귀교의 국내에 있는 권속(眷屬), 즉 화교 귀교의 배우자, 부모와 그 배우자, 형제자매, 조부모(부계, 모계), 손자(부계, 모계) 및 화교·귀교와 장기간에 걸쳐 부양관계에 있는 기타 친족을 의미한다. 중국정부는 귀교, 교권에 대한 관련 법률 법규를 마련하여 이들의 국내 정착을 지원하고 있으며, 여러 사회·경제적인 특혜를 제공하고 있다.

≫ 화교의 명칭

華僑、華人、華裔

주: 빛날 화(華)는 중국을 뜻하는 여러 한자 중 화하(華夏)에서 기인한다. 교(僑)는 "더부살이. 남의 집이나 타향에서 임시로 몸을 붙여 살다. 잠시 머물다"와 같은 뜻이 있다. 형성문자인 僑는 뜻을 나타내는 사람인(亻)과 음을 나타내는 동시에 '높다' 의 뜻을 가지는 喬(교)로 이루어졌다. 僑는 '키가 큰 사람' 의미였는데, 후에 나그네를 의미하는 교(喬)와 통하여 '타향에서 사는 뜨내기' 의미를 가지게 되었다.

7 ≪关于华侨、归侨、华侨学生、归侨学生、侨眷等身份解释(试行)≫的通知(1984. 6. 23). 国务院侨务办公室.

≫ 한나라 및 당나라 시기 실크로드 노선도

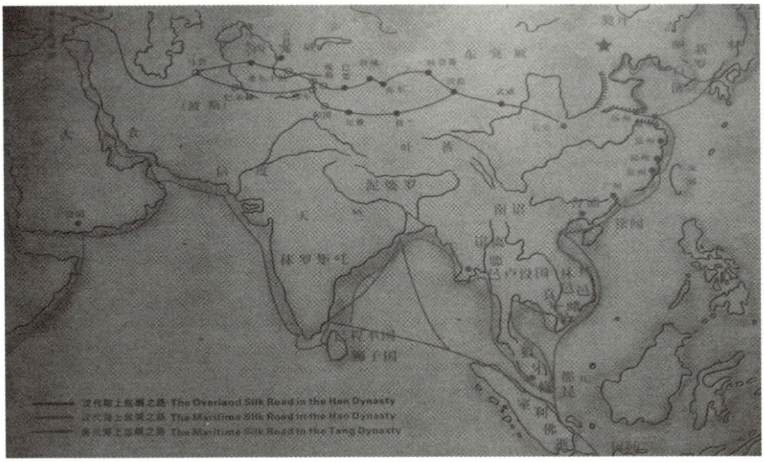

자료: 광동화교박물관. 김동하 © 2017.

≫ 20세기 초 동남아 화교 송출선을 복원한 홍콩의 관광용 목선

주: 2006년에 수제 복원된 관광선은 아쿠아루나라는 명칭을 가지고 있는데 이는 18세기 홍콩 앞바다를 주름잡던 유명한 해적 장보지(張保仔. 1783~1822)를 기념하는 것이다. 그는 해적에서 나와 청나라에 투항했으며, 1820년에는 임칙서의 천거로 수군 부장(副將)까지 승진한다. 홍콩인들에게는 '의협'으로 인식되어 그를 주인공으로 한 영화, 드라마까지 제작된 바 있다.

자료: 김동하 © 2017.

시기별 역사적 화교 형성 구분

중국인의 대규모 해외 이주 역사는 남송(南宋. 1127~1279) 시기로부터 추정되며, 그 특성에 따라 다음의 4단계로 볼 수 있다.[8]

소규모 이민 단계(12C 初~17C 初)

송의 멸망후 대규모 유신(遺臣)이 지금의 동남아인 남양 지역으로 피난한 것이 최초의 대규모 중국인 이민 단계로 본다. 또한 명나라 정화(鄭和)의 7차례에 걸친 대항해의 영향으로 남양지역으로의 이민자가 증가한 시기로 볼 수 있다. 당시 10만 명 이상으로 추산되는 해외 이주자들은 남양 각지에서 생존하기 위해 집단적으로 함께 거주함으로써 중국 민족의 독특한 특성을 가진 화교사회를 형성하기 시작했다.

정화(1371~1433)는 윈난성 쿤양 출신으로 명나라 성조 영락제 때 시작된 남해(南海) 원정 총지휘관이다. 1405년부터 1433년까지 조카 혜제가 죽지 않고 해상에 숨어들었다고 의심한 영락제의 명을 받아 전후 7회에 걸쳐 대선단을 지휘하여 동남아시아에서 서남아시아를 거쳐 아프리카 케냐 스와힐리에 이르는 30여 국에 원정하여 수많은 외교사절이 왕래하였고 명나라 국위를 선양하였다. 중국에서 생산되는 비단과 도자기를 가지고 열대지방의 보석, 동물, 광물 등을 교환하여 중국으로 가져와 무역상의 실리를 획득하였다.

정화 함대의 원정으로 중국인들은 남양에 대한 인식을 새롭게 하였으며, 동남아시아 각지에서의 화교의 수적인 증가에도 기여하였다. 정화가 지휘한 명나라 세력의 인도양 진출은 1492년 콜럼버스의 신

8 한중경제포럼(2003), 『현대 중국건설과 화교의 역할』, 재외동포재단, 16~18쪽.

대륙발견, 1497년 바스코 다 가마의 인도양 도달보다 80~90년이나 앞서는 것이었다. 그러나 문신들의 환관에 대한 견제에 부딪혀 원양선이 제거되고 무역이 금지되면서 정화 이후 더 이상의 해양개척은 이루어지지 않았다. 정화는 1433년 마지막 원정을 끝낸 이듬해에 병사하였다.[9]

이처럼 정화는 세계사에서 '화교'를 등장시킨 중요한 인물이다. 정화는 중앙아시아의 이슬람교 출신으로 윈난성 지방관리 아들로 태어났다. 1382년 윈난성이 명나라에 정복되자 포로가 되어 환관이 되었고 연왕(燕王)을 섬겼다. 1399~1402년 정난(靖難)의 변 때에 연왕이 조카의 제위를 찬탈하고 영락제(永樂帝)로 즉위하는 데 역할을 하였다. 이후 환관의 장관인 태감(太監)에 발탁되었으며, 정(鄭)씨 성을 하사받았다. 1957년 난징에서 방향키가 발견됨으로써 정화가 이끈 원정단 선박의 존재가 밝혀졌다.

1405년 소주를 출발한 제1차 원정 때에는 보선만 62척이었고 장병 2만 7,800여 명이 분승하였다. 선단은 총 317척으로 말라카 해협에서 해적들을 물리치고 인도 서안의 캘커타까지 도달하였다. 마지막 원정(7차)이었던 영락제의 손자 선덕제(宣德帝) 때인 1431년에는 사우디아라비아의 메카에 들렀으며 아프리카 케냐의 스와힐리 해안까지 항해하였다. 7차례의 항해 시기는 다음과 같다.

1차: 1405~1407 2차: 1407~1409
3차: 1409~1411 4차: 1413~1415
5차: 1417~1419 6차: 1421~1422
7차: 1431~1433

9 자료: 中華網軍事(http://military.china.com 2005. 5. 25).

≫ 정화 함대의 원정 경로

자료: 송성수, 세상을 바꾼 발명과 혁신: 범선(검색일자: 2017. 8).

명나라는 광동, 영파, 천주(이후 복주로 옮김)에 외국 무역 및 관세징수 사무를 감독하던 관청인 시박사(市舶司)를 설치하고, 관영 조공무역만을 허용하는 해금정책(海禁政策)을 취했다. 이 때문에 이후 민간인들은 밀무역으로 빠르게 옮겨 갔다. 또한 보다 활발한 무역을 위해서 해외로 진출하는 화교인구도 점차 늘어갔다.[10]

광범위한 화교 생성기(17C 중엽~1940년대)

1664년에는 청조가 명을 멸망시킨 후 많은 유민들이 대만으로 건너가 정성공(鄭成功)과 함께 명나라를 다시 재건하려는 항청복명(抗淸復明)의 투쟁에 참가하였고, 이 중 적지 않은 사람들이 다시 남양지역으로 이주하게 된다. 아편전쟁(1840~1842) 이후 서구 열강이 청조로 하여금 중국인의 출국을 합법화시킨 뒤 흑인 노예무역의 종식(1808

10 이즈미다 히데오(2014), 『해역아시아의 차이나타운 화인가』, 도서출판 선인, 9~10쪽.

년)에 따른 부족한 노동력을 중국으로부터 공급받기 시작하면서 대규모 중국 화교의 해외 진출이 이루어졌다.[11]

정성공은 본인이 '화교' 신분이었다. 1624년 일본에서 출생하였으며, 아버지는 중국과 일본을 오가며 해상무역을 했던 중국인, 어머니는 일본인이었다. 7세 때 명나라에 건너갔고 후에 난징의 태학(太學)에 입학했다. 명나라가 멸망하자 융무제(隆武帝)를 옹립하고 어영중군도독(御營中軍都督)·초토대장군(招討大將軍)에 임명되었다. 명조 멸망 후 명나라를 재건하는 일에 집념했다. 1650년 아버지의 해상권을 이어받아 진먼(金門), 샤먼(廈門)을 근거지로 무역을 하며 본토 반격의 기회를 노렸다. 1658~1659년 17.5만 명의 병사와 대선단을 이끌고 장강을 거슬러 난징을 공략하였으나, 청군에게 패하여 샤먼으로 철수하였다. 1661년 청나라가 연안 5성(省)의 백성을 내륙으로 옮겨 그와의 관계를 두절시키는 천계령(遷界令)을 펴자, 그는 타이완을 공략하여 네덜란드 세력을 축출하고 새로운 기지를 확보하였다. 이후에도 항청복명과 대륙 반격의 강화를 기도하였으나, 1662년 39세를 일기로 급사하였다.

이 시기에는 특히 세계1차 내전(1914~1918년)과 러시아의 10월 혁명(1917년)으로 영국, 프랑스, 러시아가 부족한 국내 노동력을 보충하기 위하여 모집한 중국 노동자들이 전후 유럽 각지에 정착하였다. 이들은 차이나타운(唐人街)과 동향 및 동족으로 이루어진 중국인 커뮤니티를 조성하여, 이후 도래하는 자발적인 중국인 이민자들을 받아들이는 역할을 하기도 하였다.[12]

11 자료원: 中國網(wwww.china.com.cn 검색일자: 2019. 8).
12 김동하(2015), 『중화경제권의 이해』, 부산외대출판부, 13쪽.

이민 다양화 시기(1940~1970년대)

1949년 중화인민공화국 성립 후 중국정부는 해외이민을 장려하지 않았으며, 오히려 해외 화교들로 하여금 거주국 국적을 취득하도록 장려했다. 전후 미국·소련 냉전하에서 미국을 위시한 서방국가들은 중국인의 입국을 제한한 바 있다. 신중국 설립초기 중국정부가 파악한 화교(이민자) 수는 1,300~1,500만 명 수준이었으며, 이 중 85% 이상이 동남아 지역에 거주하고 있었다.[13]

≫ 동남아 각국 화교 출신지역 구분(2007년 기준) (단위: %, 만 명)

	합계(만명)	복건인(%)	광동인(%)	객가인(%)	조주인(%)	해남인(%)	기타(%)
태국	660	7	7	16	56	12	2
말레이시아	630	38	20	20	9	3	10 (이 중 복주인 5%)
싱가포르	325	41	15	8	21	7	8
인도네시아	990	47	11	17	7	-	18
필리핀	130	85	15	-	-	-	-
베트남	125	8	41	11	37	3	-
캄보디아	45	2	10	3	76	8	1
미얀마	140	26	18	-	-	-	55 (이 중 운남인 35%)
브루나이	5.6	26	15	31	8	7	13

주: 광동인에는 조주인과 객가인 일부가 포함되지 않는다. 원문에는 광부인(廣府人)으로 표기됨.
자료: 丘进(2012), 「华侨华人蓝皮书:华侨华人研究报告(2012)」, 社会科学文献出版社, 135~136쪽.

13 庄国土(2001), 「华侨华人与中国的关系」, 广东高等教育出版社, 282쪽.

또한 2차 세계대전 이후 독립한 동남아국가들은 민족경제를 발전시키기 위하여 화교를 배척하는 배화(俳華) 정책을 채택한 바 있다. 이 시기 동남아에 거주하던 많은 화교들은 유럽이나 미국으로 재이주를 하게 되어, 그동안의 동남아 일변도의 화교 거주 지역이 다양화되는 시기를 맞이하게 된다.

이 시기 또 특이한 추세 중 하나는 홍콩에 거주하던 화교들 다수가 유럽과 호주로 거주지를 이전하기 시작한 점이다. 그 결과 2차세계대전 중 5천 명이 안되었던 영국 내 화교수는 1965년에는 약 5만 명으로 증가하게 되었다.

화교 이민 다양화 확대 시기(1970년대말~2000년대초)

1980년대 중국은 개혁개방으로 대표되는 개방 정책을 실시했으며, 그 결과 많은 중국인들은 결혼, 유학 등을 이유로 대량 해외로 이주하게 된다. 이 시기에는 특정 국가나 지역으로 이민이 한정되기보다는 다양한 국가와 지역으로 화교의 진출이 늘어나게 되는 시기이다. 또한 베트남 전쟁(1965~1973)이 공산화로 끝나게 되자 베트남에 거주하던 많은 화교들은 '보트피플'을 포함하여 많은 수가 유럽과 미국으로 피난하게 된다. 당시 미국으로 이주한 인도차이나 난민 80만 명중 절반인 40만명이 화교였다. 그 결과 1948년 21만명에 불과했던 미주지역 화교인구는 1998년 471만명으로 늘어나 연평균 6.4%의 화교인구 증가율을 기록한 바 있다.

마침 1980년대 호주와 뉴실랜드는 이민 개방정책을 실시하여 해외 이민의 문호를 개방하였으며, 홍콩의 중국 반환(1997)과 맞물리면서 대량의 홍콩인들이 이들 두 국가로 이주하게 된다.

중국교망(中國僑網)에 따르면, 1982년부터 1994년까지 95,702명의 홍콩인들이 호주로 이민을 갔으며, 14,709명은 중국 대륙에서 호주로 이민을 간 인원이다. 또한 16,783명의 타이완인들이 호주로 이민을 선택했다. 이들 지역의 호주 이민자 수만 127,194명에 달한 것으로 나타났다. 그러나 홍콩 반환과 중국의 WTO 가입 후 지속된 중국과 홍콩의 경제 발전으로 2007년까지 이 중 약 4만 명이 다시 중국, 홍콩, 타이완으로 귀국한 것으로 조사되었다.[14]

개혁개방 정책 후 중국에서 출국할 수 있는 가장 많은 인원은 해외 유학생들이었다. 1978년부터 2009년말까지 국비유학생, 공적파견 유학생, 자비유학생을 모두 합쳐 162.08만 명이 유학을 목적으로 해외에 나갔으며, 이 중 귀국한 인원은 49.74만 명에 불과하다. 즉 유학생 신분으로 출국했다가 여전히 해외에 체류하고 있는 인원은 112.34만

≫ 전 세계 화교 인구 구성의 분류

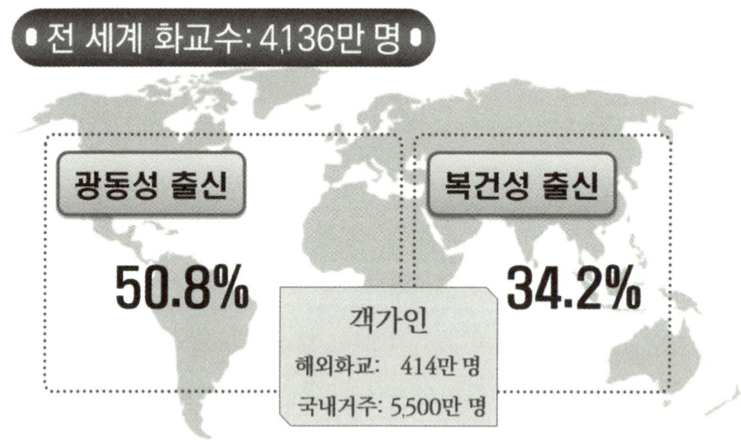

자료: 여러 공개 자료에 근거하여 저자 작성(2017. 7).

14 中国侨网(2007. 12. 7), 中国经济繁荣掀起回流潮·澳洲香港移民只剩六成(검색일자: 2014. 6).

≫ 2012년 말 기준 전 세계 화교 현황

(단위: 만 명, %)

지역별	화교수	전체 화교 중 비중	지역별	화교수	전체 화교 중 비중
아시아 지역	3072	74.3	**미주 지역**	769	18.6
인도네시아	812	19.6	미국	424	10.3
태국	751	18.2	캐나나	156	3.8
말레이시아	678	16.4	페루	99	2.4
싱가포르	283	6.8	브라질	28	0.7
필리핀	141	3.4	파나마	14	0.3
미얀마	106	2.6	아르헨티나	10	0.2
베트남	100	2.4	베네수엘라	8	0.2
일본	68	1.6	멕시코	6	0.14
러시아	47	1.1	코스타리카	4	0.1
한국	18	0.4	자메이카	3	0.1
라오스	15	0.4	에콰도르	3	0.1
캄보디아	12	0.3	도미니카	2	0.05
인도	12	0.3	칠레	2	0.05
아랍에미레이트	11	0.3	과테말라	2	0.05
터키	4	0.1	수리남	1	0.02
부르나이	4	0.1	가이아나	1	0.02
사우디아라비아	2	0.1	트리니다드토바코	1	0.02
우크라이나	1	0.0	기타	5	0.12
기타	5	0.1	**유럽지역**	161	3.9
대양주	107	2.6	프랑스	46	1.1
호주	87	2.1	영국	42	1.0
뉴질랜드	15	0.4	이탈리아	20	0.5
폴리네시아	2	0.05	스페인	14	0.3
파푸아뉴기니아	2	0.05	네덜란드	11	0.3
기타	1	0.02	독일	9	0.2
아프리카	27	0.7	스웨덴	3	0.1
남아프리카공화국	12	0.3	오스트리아	2	0.05
모리셔스	3	0.1	아일랜드	2	0.05
레위니옹섬	3	0.1	포르투갈	2	0.05
나이지리아	3	0.1	헝가리	1	0.02
기타	6	0.2	덴마크	1	0.02
전체 화교 합계	4,136	100%	노르웨이	1	0.02
			기타	6	0.14

주: 이전까지 한국 화교수는 구 화교(2만 명)만을 집계하였으나, 2012년부터는 중국에서 유입된 신화교까지 포함하여 18만 명으로 집계됨.

자료: 中華民國僑務委員會(2013), 「僑務統計年報2012」, 11쪽.

명에 달한다. 이 중 82.29만 명은 여전히 석·박사, 박사후, 연구원 등 자격으로 해외 체류하고 있는 것으로 파악되며, 약 30만 명은 신화교(新華僑)로써 현지국가에 뿌리를 내리고 있는 것으로 파악되고 있다. 또 다른 통계는 1980년 이후 유학목적으로 출국하였다가 화교가 된 인구를 60만 명 이상으로 파악하고 있다.[15]

화교 형성의 원인과 배경

화교의 해외이주는 여러 가지 복합적인 배경으로 작용하는데 대체로 아래 3가지로 파악된다.

첫째, 중국의 내란이나 왕조 교체기에 대거 해외로 도피하는 경우이다. 역사적으로 나타난 그 효시는 진시황의 등장이다. 진시황은 국가를 통일하여 다민족적 중앙집권제의 봉건국가를 건설하였지만, 분서갱유(焚書坑儒)로 대표되는 폭정을 못 이기고 많은 백성들이 해외로 이주하기 시작한 바 있다. 또한 진(晉), 당(唐) 왕조가 들어서는 혼란기에도 많은 화교, 화인들이 생성되었다. 송나라가 이민족인 원나라(몽고족)에 의해 멸망되자 많은 송의 유민들이 동남아로 피난하였고, 만주족의 청나라가 들어서자 명나라 유민들 역시 해외로 향했다. 태평천국(1851~1864년)[16]과 중화민국 성립 후(1911년) 내전시기에도 이민

---

15 丘进(2011), 「华侨华人蓝皮书:华侨华人研究报告(2011)」, 社会科学文献出版社, 18쪽.

16 태평천국은 청말 홍수전(洪秀全)과 농민반란군이 세워 14년간 존속한 국가(1851~1864)이다. 태평천국군은 1851년 9월 푸젠성 융안현을 차지하고 이곳에서 세력을 키웠다. 1852년 12월 후난성 웨저우(岳州)를 점령하였는데, 이때 태평군은 빈농·유민·수공업 노동자와 반청단체인 천지회원(天地會員)을 흡수하여 확대되었다. 1853년 태평천국군은 후베이성 한커우, 우창과 안칭을 함락시켰다. 그리고 같은 해 3월 수십만의 병력을 이끌고 난징(南京)을 점령하고, 이를 태평천국의 수도로 정하였다. 홍수전은 난징을 '톈징(天京)'이라 개칭하고 신국가 건설에

이 발생했고, 공산당 혁명 후 신중국 성립(1949년)에도 대륙에 있던 국민당원들의 해외 이주가 있었다. 가장 최근에는 1989년 천안문 사태 이후 다수의 문화 및 지식인 그룹, 민주화 운동권 인사들이 해외로 망명한 바 있다.

둘째, 적은 농경지에 비해 너무 많은 인구가 생활고에 직면할 때도 대규모 해외이주가 일어났다. 또한 토지겸병, 가혹한 세금, 인구 과잉으로 인해 해외이주가 발생했다. 왕조의 멸망으로 1661~1812년에 푸젠성의 인구가 5배 증가했는데 경작지는 32% 증가에 그쳤고, 광둥의 인구는 20배나 증가했으나 경작지는 27% 증가에 그쳐 많은 인구들이 타이완이나 동남아로 이주를 택했다.

셋째, 이주 대상국의 이민정책 변화 같은 외부요인도 화교 형성의 배경이다. 1862년 미국은 서부개척을 위해 대륙횡단 철도를 부설하는데 여기에 필요한 대량의 인력을 중국에서 조달했다. 이 때 송출된 중국인 노동자를 화공(華工)으로 불렀다. 이 시기 중국에서 이주한 화교가 1세대 미국 화교인 셈이다. 마찬가지로 싱가포르, 필리핀, 인도네시아, 호주, 캐나다 등의 이민정책 변화로 많은 중국인들이 이주하게 되었다.[17]

1997년 7월 1일 홍콩이 중국에 반환되었다. 1989년 6월 4일 천안문 사건이 비극적인 유혈 사태로 끝나자 많은 홍콩인들이 동요하

착수하였다. 이와 같은 성공은 청왕조의 부패에도 연유하지만 태평군이 도시의 관료·지주·부상(富商)을 공격하여 민중에게 전리품을 분배하고, 조세나 지대를 면제했으며, 멸만흥한(滅滿興漢) 수장에 대해 대부분이 한족이었던 민중이 지지했기 때문이다. 그러나 이들도 내부 대립이 시작되었고, 이를 틈타서 증국번(曾國藩) 등이 조직한 반혁명 의용군(湘軍) 등이 반격하였다. 1860년 베이징조약 후 반(反)태평 무력간섭 정책으로 돌아선 영국 등 열강의 군사원조로 1864년 7월에 난징이 함락되고 멸망하였다(中國網. 검색일자: 2017. 7).

17 한중경제포럼(2003), 『현대 중국건설과 화교의 역할』, 재외동포재단, 19~20쪽.

기 시작했다. 1997년 7월 이후 중국 홍콩에서의 자유를 의심하게 된 것이다. 마침 호주, 캐나다 등 국가는 투자이민 정책을 통해 홍콩인들에게 문호를 개방하였고, 1997년까지 약 60만 명의 홍콩인이 해외로 이민을 나서게 된다. 이는 홍콩 인구 8.4%에 달하는 비중이었다. 이들 중 상당수는 1국가 2체제를 통해 홍콩의 자치권이 보장되고 중국경제가 WTO 가입 후 세계 2위로 부상하자 해당 국가의 시민권이나 영주권을 취득한 후, 다시 홍콩에 돌아와 경제 활동을 영위하고 있다.

≫ 13세기~20세기 화교의 이주 역사와 배경

연대	이주 국가	이주 배경 및 여건
1292	인도네시아	• 원나라, 자바에 원정하면서 다수 병사 잔류
13~14세기, 15세기	태국, 말레이시아	• 원나라에 의해 송나라 멸망 후 많은 유민들이 해외 이주
17세기	베트남	• 명나라의 이주정책으로 호치민에 정착
17~18세기	캄보디아	• 명나라 이주민 중 일부가 베트남 군과 함께 남쪽으로 진출
18세기	베트남, 태국	• 군인에 의해 대규모 시장 조성 • 郑昭 혹은 郑信(Taksin. 1734~1782)에 의한 태국 Thonburi 왕조(1769~1782년) 설립. 부친은 중국인 郑镛(광둥 산터우 출생)
19세기	말레이시아, 서인도, 미국, 캐나다, 네덜란드	• 노동자로서 영국 식민지에 이주 • 흑인 노동력을 대체하는 단순 노무자로 이주(쿨리, 화공)
19~20세기	인도네시아	• 네덜란드의 식민지 경영을 위해 중국에서 노동력 수입
중일전쟁 (1937~ 1973년	세계 각국	• 중국 내 개방정책과 각국의 이민정책 변화로 세계 각지에서 화교인구 증가 • 화교 2세, 3세의 등장

자료: 조정원(2009), 중국의 화교 정책에 대한 연구, 「민족연구」 37권, 126쪽.

≫ 해역 아시아를 중심으로 한 세계사 연표

연도	유럽	해역 아시아	중국
900년	-	• 인도상인 활약 • 신라 장보고 청해진 설치(828)	• 북송 시대 무역담당 부처인 시박사(市舶司) 광저우에 설치(971)
1200년	• 마르코폴로 동방견문록 완성(1299)	• 이슬람 상인 활약	• 원대(1277) 시박사 천주, 광저우, 닝보로 확대
1400년	• 르네상스 시기 이탈리아 콜럼버스 신대륙 발견(1492) • 포르투칼 바스코 다 가마의 인도양 도달(1497)	• 말라카 왕국 (1402~1511)	• 명대 해금령(1371) • 정화의 원정시작 (1405~1433)
1500년	• 스페인, 포르투갈의 해외개척기	• 아유타야 왕조 (1350~1767)	• 포르투갈 마카오 점령 (1557) • 명 해금령 해제(1567)
1600년	• 영국 동인도회사 설립 (1600) • 네덜란드 동인도회사 설립(1602)	-	• 청대 정성공의 난 (1655~1683) • 청대 천계령 (1661~1684) • 청대 쇄국령, 세관설치 (1684)
1800년	• 네덜란드 동인도회사 해산(1799)	• 영국령 싱가포르 설치 (1819) • 영국령 인도 (1858~1877) • 부산개항(1876) • 인천개항(1883)	• 청대 아편전쟁 (1840~1842) • 영국령 홍콩설립 (1842)
1900년	-	• 인도네시아 독립(1949) • 싱가포르 독립(1965)	• 중화민국 성립(1912) • 중화인민공화국 성립(1949)

자료: 이즈미다 히데오(2014), 『해역아시아의 차이나타운 화인가』, 도서출판 선인, 268~269쪽 및 저자 정리.

화교 혈통 구분

동남아 지역은 지리적인 원인으로 화교들이 가장 일찍, 가장 많이 진출한 지역이다. 따라서 현지인과 결혼 등을 통해 현지화가 수세기 동안 진행되어 왔다.

동남아의 경우, 1세대 화교의 시대는 종식을 고하고, 그 후손들도 이미 3~4대의 세월이 흘렀기에 많은 혼혈이 발생했다. 따라서 동남아에 있는 중국계 혼혈은 국가에 따라 페라나칸, 룩친, 메스티조 등으로 다양하게 분류되고 있다. 이들이 화교·화인에 포함되는가에 대한 문제는 또 다른 학문적 정의를 필요로 한다. 1세대 중국을 떠난 화교의 대부분은 남성이었고, 이들은 자연스럽게 현지 여성들과 결혼하면서 그 후손들은 혼혈동화(混血同化)되어 갔다.[18]

화교 혈통은 크게 중국에서 태어난 화교와 현지에서 출생한 화교의 후손으로 구분할 수 있다. 이덕훈(2005)은 전자를 신객(新客)으로 구분했다. 영어를 쓰는 필리핀에서는 이들을 Chinese로, 말레이시아와 싱가포르에서는 이들을 신객(新客)화교로 부르며, 태국에서는 Khon-jin으로 호칭한다. 인도네시아에서 토톡(Totok)은 순수한 중국인과 중국 태생의 화교를 의미한다.

반면, 현지에서 태어난 화교의 후손들이 현지국 배우자와 결혼하여 혼혈 자손을 출생하게 되면 이들은 국가별로 부르는 별칭이 달랐다. 부계 혼혈 화교·화인들은 베트남에서는 Min-huong(明鄕)으로, 태국에서는 Luk-jin, 필리핀에서는 차이니즈 메스티조, 인도네시아에서는 페라나칸(Perana Kan), 말레이시아와 싱가포르에서는 바바(Baba)로 호칭한다.

18 강영문(2014), 『동남아 화교비즈니스』, 전남대출판부, 114쪽.

중국인과 말레이인 사이에서 태어난 사람을 페라나칸(Perana Kan)이라고 한다. 페라나칸이란 용어는 아이를 의미하는 말레이어 아나크(anak)에서 유래되었다. 페라나칸은 현지에서 태어났지만 본토박이는 아닌 경우를 의미한다. 동남아에는 중국계 페라나칸뿐만 아니라 인도계, 아랍계, 유럽계 공동체가 존재한다. 중국계 페라나칸은 남성을 의미하는 바바(baba)와 기혼 여성을 이미하는 뇨냐(nyonya)를 합쳐서 바바뇨냐라고 한다. 이들은 중국인으로서의 특성은 물론 말레이인으로서 특성도 가지고 있다. 18세기 중엽 말라카 지역에는 약 2천 명의 페라나칸이 거주하고 있었다.

싱가포르에는 페라나칸 박물관(2008년에 설립)이 있을 정도로 문화인류학적으로 별도의 문화권으로 인식을 하고 있다. 페라나칸 박물관 건물은 1912년에 타오난학교(道南學校)로 사용된 건물이었다. 이곳에는 페라나칸과 관련된 유물을 보관하고 있으며, 전통문화를 보여주는 시각 예술품이 보관되어 있다. 싱가포르에는 아시아문명박물관이 있는데 동 박물관하는 구성하는 3대 박물관 중 하나가 페라나칸 박물관이다.

말레이 반도와 싱가포르, 인도네시아의 여러 섬은 오래전부터 다양한 문화가 교차했던 지역이다. 동서 교통로의 간선이었으며, 그로 인해 인도와 중국의 영향을 많이 받았다. 15세기 후반 대항해 시대 이후에는 포르투갈, 네덜란드, 영국 등의 서구 열강이 가세하여 식민지를 건설하면서 서양 문화까지 유입되었다. 페라나칸은 이러한 문화의 혼재를 보여주는 결과물이다. 광의의 페라나칸은 중국계 외에도 다른 혼혈을 뜻하지만, 협의의 페라나칸은 중국계를 의미한다. 중국계 페라나칸은 인도네시아 600만 명, 말레이시아 50만 명, 싱가포르에 50만 명이 거주하며, 중국과 말레이-인도네시아 요소가 혼합된

독특한 문화를 16세기부터 형성하고 있다.[19]

화교는 이처럼 혈통에 의해 구분되는데, 인도네시아의 경우 16세기부터 현지에서 자리를 잡았던 혼혈 페라나칸과 19세기 말부터 저임 계약 노동자인 쿨리(Coolies) 신분으로 인도네시아에 유입된 토톡(Totok)과는 서로 구분하여 보기도 했다. 즉 19세기 이후 페라나칸은 이미 현지에서 기득권 층으로 부상했으며, 토톡은 이제 막 자리를 잡아가는 신이민 화교였던 셈이다.

≫ 혈통에 의한 화교, 화인의 범위

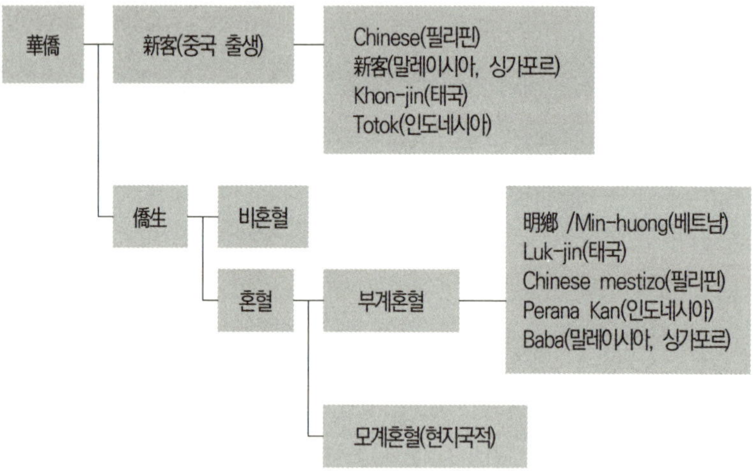

자료: 이덕훈(2005), 『화교경제의 생성과 발전』, 한남대출판부, 66쪽.

19 국립중앙박물관(2013), 『싱가포르의 혼합 문화 페라나칸』, 국립중앙박물관, 150쪽.

≫ 싱가포르 페라나칸 박물관

자료: www.peranakanmuseum.org.sg(검색일자: 2017. 7).

홍콩 ― 살아 숨 쉬는 현대사 현장에서

향이 나는 항구, 홍콩

우리 1차 답사팀의 첫 목적지는 홍콩이었는데, 이는 홍콩이 가진 역사적 배경에 기인한다. 홍콩은 중국 남단에 위치한 살아 숨 쉬는 현대 세계사 현장이다. 홍콩의 면적은 서울의 1.8배이지만 인구밀도는 6,516명/㎢으로 오히려 서울(16,492명/㎢)보다 여유롭다. 하지만 거주지가 한정적이어서 체감하는 복잡함은 서울 못지않다. Hong Kong은 향항(香港)의 광동어 발음을 영어로 표기한 것이다. 홍콩의 중국 표준어는 샹깡(Xiang Gang)이다. 한자처럼 향기로운 항구라는 이름을 얻게 된 것은 이곳이 향료의 수출 항구였기 때문이다.

지금의 홍콩 지역은 동진 시대(331년)부터 동완군 보안현(東莞郡 寶安縣)에 속해 있었다. 명조에 이르러 신안현으로 분리되었고, 영국 식민지 직전 청대 홍콩의 행정구역은 광주부 신안현(廣州府 新安縣) 관할이었다. 지금은 중국 IT산업의 메카가 된 동관시(東莞市), 즉 옛 동완군이 홍콩의 명칭과 관계가 있다. 현재 동관시는 홍콩과 90㎞ 거리이다.

동관시에는 완향수(莞香树)라는 나무가 있었는데, 목질에서 나오는 유기물이 수년간 침적되면 독특한 향기가 났다. 이를 침향(沉香)이라 하며, 향료 혹은 약재로 쓰였다. 침향은 다양한 향료를 만드는 기본 재료로도 쓰인다. 침향은 홍콩 반도 끝자락인 침사추이(尖沙咀) 부두로 옮겨져, 광저우, 베이징으로 운반되었다. 이런 연유로 향료를 운반하는 항구로 심사추이 주변 지역이 홍콩촌(香港村)으로 불렸고, 이것이 지금 홍콩 지명의 유래이다.

≫ 20세기초 홍콩 양장점(생활 전시관)

자료: 홍콩역사박물관. 김동하 © 2017.

≫ 20세기초 홍콩 부두 전경

자료: 홍콩역사박물관. 김동하 © 2017.

아편전쟁과 홍콩의 탄생

명대 중국은 관영 조공무역만을 허용하는 해금정책(海禁政策)을 취해 왔다. 따라서 외국과의 무역이 원활하지 못했다. 1685년(강희제 24년), 청나라는 해금정책을 폐지하고 자국 상민(商民)과 외국간 무역을 허용했고, 광저우, 닝보 등 4곳에 통상을 위한 세관을 설치했다. 문헌에 따르면 1689년에 영국 상선이 처음으로 광저우에 도착하였다. 점차 교역이 늘어나자 1715년 5월 영국은 동인도회사를 앞세워 광저우에 가장 먼저 상관(商館. 동인도회사 대리점)을 설치하고 중국과의 무역을 본격화한다. 당시 광저우 세관은 영국 상관과 8조에 달하는 무역협정을 체결했다. 1728년에는 프랑스도 광저우에 상관을 세웠고, 미국 뉴욕을 출발한 첫 번째 상선이 광저우에 도달한 해는 1784년(건륭 49년)이었다. 이후 청대는 서구 열강과 활발한 무역을 전개했다.

18세기부터 중국산 차(茶)와 비단이 영국으로 다량 수출되었다. 반면, 아직 농경사회에 머물러 있던 중국이 영국에서 수입할 제품은 그다지 많지 않았다. 아편전쟁(1차) 직후인 1842년 통계로는 청은 영국에서 면제품 등 상품 960만 달러어치를 수입했는데, 영국에 수출하는 상품은 차(1,500만 달러), 비단(920만 달러)을 비롯해서 2,570만 달러에 달했다. 차와 비단이 당시 영국인들 생활에 스며들었음을 알 수 있다.

이처럼 늘어나는 무역 적자를 영국은 아편으로 해소하려 했다. 영국 동인도회사는 인도 벵갈에서 대마를 재배해 만든 아편을 18세기 말부터 중국으로 수출했다. 당시 청나라 부유층은 아편을 담배 형태로 소비했으며, 사교 목적의 연관(煙館)을 두고 아편 흡연을 즐겼다. 박강(2010)에 따르면 1890년 아편 흡연자 수는 중국 총인구의 10%인 4천만 명에 달했다.[20]

---

20 박강(2010), 『아편과 20세기 중국』, 선인.

마침내 도광제는 임칙서(林則徐)를 특사(흠차대신)로 파견하여 아편거래를 막게 했다. 광저우에 도착한 임칙서는 1839년 6월 3일부터 20일간 2만 상자(1,175톤)의 아편을 호문(지금 동관 虎門鎮)에 모아 소금물에 넣고 석회를 부어 분해한 후, 주강에 내버렸다. 중국정부는 1972년에 이곳을 소연지(销烟池. 아편소각연못)로 복원하여, 교육장소로 활용하고 있다. 이러한 임칙서의 조치에 영국은 전쟁으로 대응했는데, 이것이 '아편전쟁'이다.

1840년 6월, 4천여 명의 원정군이 광저우에 도착했다. 대포와 증기터빈으로 무장한 영국 함선 앞에 청나라 군대는 종이 호랑이였다. 1841년 가을, 영국군은 닝보를, 1842년 6월에는 상하이를 점령하고 난징(南京)으로 진격했다. 결국 1842년 8월 영국 함대의 갑판에서 '난징조약'이 체결되었다. 조약 제3조는 다음과 같다. "중국은 광둥성 보안현 연안에 있는 홍콩섬을 영국에게 넘겨준다." 이것이 홍콩 탄생의 배경이다. 당시 홍콩섬은 인구 3,600명의 암석이 많은 어촌이었다.

이후에도 영국과 프랑스의 외침은 계속되었다. 영국의 동의 없이 ARROW호를 수색한 사건과 프랑스 선교사 처형 사건을 빌미로 제2차 아편전쟁(1857~1860)이 일어났다. 이를 근거로 영국군은 홍콩 남단인 구룡반도를 점령했다. 1860년 10월, 영국과 체결한 '베이징조약'에 의해 구룡반도 남부지역도 할양되게 된다. 이에 따라 홍콩섬에서 시작했던 영국의 지배권이 선전강(深圳河) 경계까지 넓어지게 된다. 이에 영국은 지금의 홍콩 대부분을 포함하는 지역을 신계(新界. New Territories)라고 명명하고, 262개 섬을 포함한 홍콩 대부분을 99년간 조차(租借)하는 '전척향항계지조례(展拓香港界址專條)'를 1898년 6월 9일에 북양대신 이홍장과 체결하게 된다. 이후 100년간 홍콩은 영국 식민지 역사를 시작하게 되었다.

≫ 아편 흡연 도구

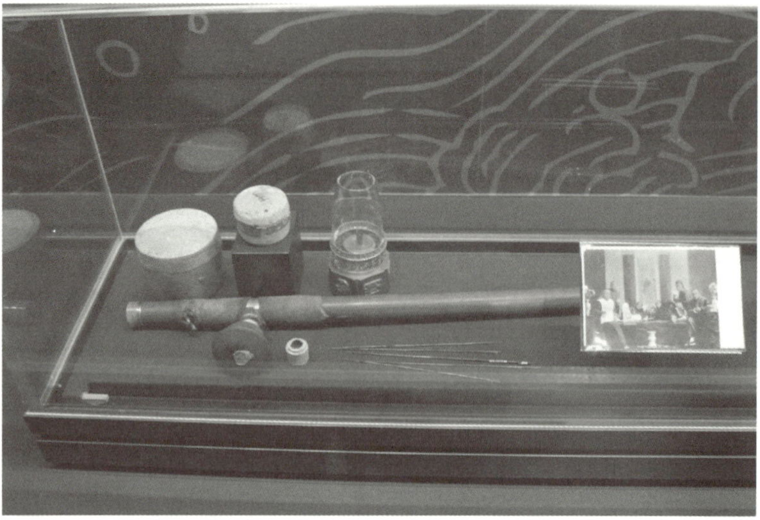

자료: 홍콩해사박물관. 김동하 © 2017.

≫ 임칙서(林則徐) 석상

자료: 홍콩역사박물관. 김동하 © 2017.

홍콩역사박물관과 홍콩인

이러한 홍콩의 역사를 첫장부터 배우기 위해 우리가 찾은 곳은 홍콩역사박물관(香港歷史博物館. HongKong Museum of History)이다. 홍콩역사박물관은 1962년에 '홍콩박물미술관'으로 개관하였다가, 1975년에 '홍콩예술관'과 '홍콩박물관'으로 분관되었다. 1998년에 '홍콩역사박물관'으로 이름이 바뀌었으며, 현재의 침사추이 지역으로 이전하였다.

홍콩역사박물관은 8가지 섹션으로 나누어 홍콩의 과거와 현재를 보여주고 있다. 이 중 3개 섹션은 고대 중국의 역사를, 1개 섹션은 홍콩 민속 콘텐츠를 전시하고 있다. 우리가 보고 싶었던 '아편전쟁과 홍콩의 할양', '홍콩의 개항' 등도 각각의 섹션을 구성하여 전시되고 있었다. 앞서 소개한 '전척향항계지조례'는 100년이 지난 1997년 6월 30일에서야 종료되고, 영국과의 협상을 거쳐 1997년 7월 1일자로 홍콩은 중국에 반환된다. 그 결과, '현대도시와 홍콩의 반환'이라는 주제로 1997년 이후로 신분이 바뀐 홍콩을 보여주는 섹션이 있었으며, 일본 식민지 시기(1941~1945) 섹션이 따로 구성되어 있는 것이 특이했다.[21]

'아편전쟁' 섹션에 들어서자마자 마주한 인물은 실물보다 큰 임칙서(林則徐. 1785~1850) 석상이었다. 우리가 방문한 날에도 많은 홍콩 학생들이 박물관을 찾았는데, 큐레이터들은 다이나믹한 광동어로 앞서 서술한 홍콩의 탄생 배경을 설명하고 있었다. 임칙서 석상 옆에 놓인 아편 상자를 들여다보는 초등학생들의 눈망울이 인상적이었다. 이외에도 영국 점령시절 '자유무역항'으로서의 홍콩이 가진 사회·문화·경제 역할을 알 수 있는 여러 전시물들이 있었다.

21 홍콩역사박물관(http://hk.history.museum 검색일자: 2017. 7).

이후 선전(深圳) 답사편에서 덩샤오핑과 함께 다시 서술할 예정이지만, 홍콩은 1997년 7월, 중국에 반환된 이후 '1국가 2체제'라는 전세계 유일한 정치·사회 실험장이 되었다. 즉 영국식 민주주의 체제를 100년 동안 유지해왔던 홍콩의 중국 반환후 '사회주의'로 전환하지 않고, 기존 체제를 유지하도록 반환협상 당시 중국 1인자였던 덩샤오핑이 결정한 것이다. 결국 인구 710만 명의 홍콩은 다시 사회주의 국가인 중국의 영토가 되었지만, 영국식 정치·사회·사법·교육체제를 유지하고 있는 특별한 지역(홍콩특별행정구)으로 남을 수 있었다.

불과 100년이라는 기간 동안 '청나라-영국 식민지-중국령 특별행정구'라는 격변을 겪고 있는 홍콩 사람들의 정체성이 혼란스러울 것이라는 것은 사회학자가 아니더라도 쉽게 예상할 수 있다. 연구기관들은 매년 관련 설문조사를 해오고 있는데, 2012년 11월 홍콩중문대 조사결과는 42%가 홍콩인이면서 중국인, 23%는 홍콩인, 22%는 중국인이면서 홍콩인, 12%는 중국인으로 자신을 표현했다. 홍콩대 조사(2013. 6)는 홍콩인 38%, 중국인 23%, 중국의 홍콩인과 홍콩의 중국인 합계는 36%였다. 1997년 중국반환 이후, 국민교육, 원정출산 등 여러 가지 중국정부 측과 각을 세우는 이슈가 발생했고, 이에 따라 조사결과도 변화해 왔음을 알 수 있다. 최근(2016. 12. 홍콩대)에는 홍콩인이라는 동질감은 8.09(10점 만점), 중국인 6.88, 중국 국민 6.25를 나타냈다. 또한 조사대상 64%가 홍콩인 혹은 중국의 홍콩인을, 나머지 36%는 중국인 혹은 홍콩의 중국인으로 본인의 정체성을 답했다.

우리는 이처럼 복잡한 홍콩의 정체성을 확인시켜줄 또 다른 실마리를 찾아보기 위해서 1887년에 영국정부가 홍콩 방위를 위해 세운 리위먼(鯉魚門) 포대 위에 조성된 '홍콩해안경비박물관(香港海防博物館)'으로 발걸음을 옮겼다.

≫ 화교 역사문화 답사기 노선도(2017년)

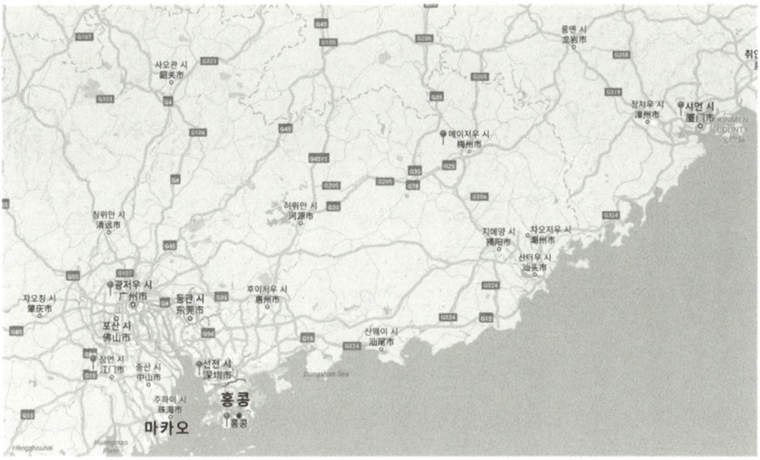

주: 1차 답사는 홍콩-광저우-선전-샤먼(2016. 12~2017. 1)으로 진행, 2차 답사는 광저우-장먼-메이저우-샤먼(2017. 7~2017. 8)으로 진행함.

자료: 구글지도(검색일자: 2017. 8).

≫ 남경조약 사본

자료: 홍콩역사박물관. 김동하 © 2017.

≫ 아편전쟁 묘사도

자료: 홍콩역사박물관. 김동하 © 2017.

≫ 홍콩역사박물관

자료: 김동하 © 2017.

외침의 현장, 홍콩해양경비박물관

홍콩의 입구, 리위먼 해협

우리가 홍콩에서 두 번째로 방문한 곳은 홍콩해안경비박물관(香港海防博物館. The Hong Kong Museum of Coastal Defence)이다. 동 박물관은 홍콩의 길목인 리위먼(鯉魚門) 해협에 위치하고 있다. 홍콩은 지리적으로 보면 중국 대륙쪽에서 내려온 반도인 구룡반도, 현재 홍콩디즈니랜드와 홍콩첵랍콕국제공항이 위치한 란터우섬, 그리고 구룡반도 맞은 편인 홍콩섬 등 크게는 3부분으로 이루어져 있다. 홍콩해안경비박물관은 홍콩섬 동쪽 끝자락에 위치하고 있는데, 이 지점은 바로 구룡반도를 마주보고 있는 지점이다. 즉, 구룡반도와 홍콩섬의 길목으로 홍콩 내 주요 항구로 진입하기 위해서는 반드시 통과해야 하는 게이트가 리위먼 해협인 셈이다. 홍콩해안경비박물관의 역사를 보면 왜 여기에 위치했는지 바로 알 수가 있다. 동 박물관은 100년이 넘는 역사를 지닌 리위먼 포대(鯉魚門炮台) 위에 세워졌기 때문이다.

650년이 넘는 외침(外侵)의 역사

1368년에 성립된 명대부터 중국은 광동성 지역의 해안 경비를 중요시 생각했다. 문헌에 따르면 왜구들이 광동성을 중심으로 출몰하여 약탈과 해적질을 일삼자 1394년에 광둥성 동관 지역을 중심으로 해안을 경비하기 위한 천 곳의 요새가 건설되었는데, 홍콩 리위먼 지역이 전초 기지 중 하나였다. 청대에 이르러 1644년부터 이곳 리위먼에 포대를 조성하고 규모가 있는 방위 기지를 조성하기 시작했다. 1842년 8월, 아편전쟁에 따른 남경조약으로 홍콩이 영국 관할로 바

꿔자, 1844년부터 영국군은 이곳에 병참 기지와 막사를 짓기 시작했다. 하지만 곧이어 전염병이 창궐하고 병사들이 사망하자 포대 건설 계획은 잠시 유보되었다.

1885년에 이르러 국제정세가 급변하게 된다. 프랑스는 청나라 정부와 〈천진조약〉을 체결하게 되는데, 여기에는 프랑스가 베트남 보호국임을 인정하는 조항이 들어가 있다. 이후 프랑스의 청나라에 대한 간섭은 영국에게는 위협요인이었다. 또 다른 요인은 러시아로부터 나왔다. 1858년 러시아는 청나라와 아이훈조약(愛琿條約)을 체결하고 아무르강 이북 지역을 점령했으며, 그 영향력을 중국 남쪽으로 넓히는 '남하정책'을 본격 추진한다. 이러한 정세 변화로 인해, 홍콩을 지배하고 있던 영국은 중국이라는 '먹이'를 놓고 달려드는 프랑스와 러시아를 위협으로 느끼게 된 것이다.

이를 배경으로 영국정부는 1885년에 리위먼 포대를 다시 증축하기로 결정하게 된다. 당시 증축 계획에는 거대 요새를 건설하는 것이 포함되어, 영국황실공정대가 본격적으로 설계에 나섰다. 당시 7,000㎡ 규모의 진흙이 제거되었으며, 17개의 지하실과 병영시설, 탄약실, 포탄 장비실 등이 완비된 밀폐식 요새가 1887년에 완성되었다. 영국에서 공수된 6인치 밀폐식 포대가 설치되었으며, 10여 문의 가변식 포가 추가로 장착되어, 홍콩의 관문인 리위먼 전체 지역을 사정권에 둔 완벽한 포대 진지를 완성하였다. 1890년에 이르러서 영국은 리위먼 포대 하단 해안에 어뢰 발사시설까지 추가하여 그 공격력을 배증시켰다.[22]

22 홍콩해양경비박물관(http://hk.coastaldefence.museum 검색일자: 2017. 7).

≫ 홍콩해양경비박물관 내 홍콩 외부침략 역사관

자료: 홍콩해양경비박물관. 김동하 © 2017.

≫ 홍콩해양경비박물관 내 중앙 포대

자료: 홍콩해양경비박물관. 김동하 © 2017.

불을 뿜어보지 못한 포대

하지만 완성된 지 40년이 지나도록 리위먼 포대를 쓸 분쟁이나 전쟁이 발발하지는 않았다. 1930년대에 이르러 홍콩에서는 최신식 포대 설비를 갖춘 다른 포대 진지도 추가로 건설되었지만 리위먼 포대는 업그레이드가 이루어지지 못했다.

1941년 12월 8일, 일본이 하와이 진주만 공습을 감행한 다음날 홍콩도 일본의 공격을 받게 된다. 포병, 해군, 공군의 막강한 화력으로 홍콩을 공격한 일본군에 처음으로 리위먼 포대가 불을 뿜었지만, 열등한 군사력에 속수무책이었다. 결국 1941년 12월 19일, 홍콩은 일본에게 함락되었고, 이후 3년 8개월간의 홍콩에 대한 일본 식민통치가 시작된다. 1945년 8월 27일, 일본의 패망으로 리위먼 포대에는 다시 영국 국기인 유니언 잭이 올라갔지만, 이후 이곳은 방위기지 기능을 해체하고, 훈련 기지로만 쓰였다. 1987년에 이르러서 홍콩정부는 리위먼 포대 주요 시설을 철수시키고, 군사 시설로서의 사용을 중지시켰다.

포대에서 박물관으로

홍콩 당국은 리위먼 포대가 역사적 가치가 충분함을 인지하고, 1993년에 이를 다시 복원해서 지금의 홍콩해양경비박물관으로 구성하기로 결정한다. 이후 3억 홍콩달러의 자금을 투입해서 옛 포대 진지를 복원하고, 지금의 박물관을 조성하여 2000년 7월 25일부터 시민들에게 개방하고 있다.

박물관 면적은 34,200㎡ 규모이고, 이전 리위먼 포대 광장 지역에 지붕을 씌워 현재의 박물관 전시실 구역으로 조성했다. 전체 포대 곳곳을 활용하여, 정상부터 해안까지 탄약실, 이동통로, 병영, 포진지

등으로 박물관을 구성하여 놓았다. 포대 정상에는 6인치 대포(사정거리 3,600미터)가 설치되어 있으며, 리위먼 해협 연해에 있는 기지에는 어뢰 발사실이 복원되어 있다.

박물관 전시실에는 명대부터, 청대, 아편전쟁시기, 영국 통치시기, 일본 식민지 시기로 나뉘어 각기 주제에 맞는 역사 유물이 전시되어 있으며, 각 시기 홍콩에서의 리위먼 포대의 역할에 대해 설명을 하고 있다.

특이한 점은 홍콩 주둔 인민해방군 전시물이 있는 점이다. 1997년 7월 1일, 홍콩이 100년 만에 영국에서 중국으로 반환되면서, 중국인민해방군 역시 홍콩에 주둔하게 된다. 주둔군은 약 6천여 명(육·해·공군) 수준이며, 이들은 홍콩 반환 2분 전인 1997년 6월 30일 11시 58분에 홍콩의 영국군 본영인 '프린스 오브 웨일스 기지'에 끝까지 남아있던 영국군 1,000여 명과 임무교대 의식을 거행한 바 있다. 2분후인 7월 1일 0시, 웨일스 기지에는 유니언 잭이 내려가고, 중국 국기인 오성홍기가 오르면서 중국 홍콩특별행정구 시대의 개막을 알리게 된 것이다.

이처럼 우리가 방문한 홍콩해안경비박물관에서는 650년 전 명나라때부터 지금까지 홍콩이 겪어야 했던 외침의 역사를 여러 녹슨 포탑들을 통해 들을 수 있었다.

≫ 요새처럼 지어진 리위먼 포대 외부 모습

주: 요새 입구에 새겨진 1887 이라는 숫자는 리위먼 포대가 완성된 연도이다.
자료: 홍콩해양경비박물관. 김동하 © 2017.

≫ 1940년대 홍콩에 배치되었던 영국산 야포

자료: 홍콩해양경비박물관. 김동하 © 2017.

≫ 홍콩 리위먼 포대(홍콩해양경비박물관) 위치도

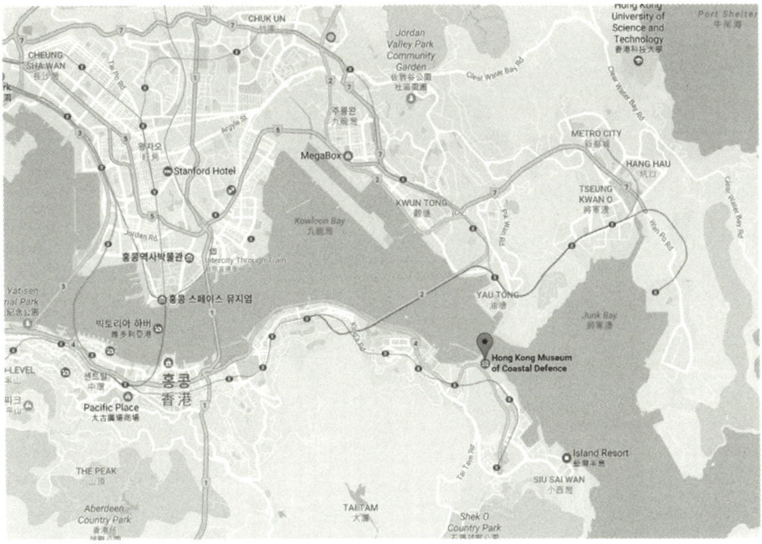

자료: 구글지도(검색일자: 2017. 8).

홍콩해사박물관에서 보는 중국해양 부침의 역사

정화가 시작한 중국의 바닷길

1차 답사팀의 두 번째 여정지인 선전으로 떠나기 전 방문한 곳은 홍콩해사박물관(香港海事博物館. The Hong Kong Hong Maritime Museum)이었다. 박물관은 홍콩섬 센트럴 8번 부두 위에 위치해 있다. '해사(海事)'는 바다에 관한 모든 일을 의미한다. 세계 4위의 면적을 가진 중국은 동서로 5,200㎞, 남북으로는 5,500㎞나 되는 국토를 가지고 있다. 하지만 동쪽 끝 북한과 마주하고 있는 요녕성 단둥시에서부터 베트남과 국경을 마주하고 있는 광서자치구 동싱시까지 이은 해안선의 길이는 32,000㎞에 달한다.

이처럼 태평양을 마주하고 있는 중국에게 '해사'는 무엇보다도 중요한 일이었으나, 정화(鄭和)의 원정으로 유명한 명대 1433년 이후 부침의 길을 걸어 왔다. 정화(1371~1433)는 윈난성 쿤양 출신으로 명나라 성조 영락제 때 시작된 남해(南海) 원정의 총지휘관이다. 1405년부터 1433년까지 조카 혜제가 죽지 않고 해상에 숨어들었다고 의심한 영락제의 명을 받아 전후 7회에 걸쳐 대선단을 지휘하여 동남아시아에서 서남아시아를 거쳐 아프리카 케냐 스와힐리에 이르는 30여 국에 원정하여 수많은 외교사절이 왕래하였고 명나라의 국위를 선양하였다.

중국에서 생산되는 비단과 도자기를 가지고 열대지방의 보석, 동물, 광물 등을 교환하여 중국으로 가져와 무역상의 실리를 획득하였다. 1405년 쑤저우를 출발한 제1차 원정 때에는 보선만 62척이었고 장병 2만 7,800여 명이 분승하였다. 선단은 총 317척으로 말라카 해협에서 해적들을 물리치고 인도 서안의 캘커타까지 도달하였다. 마지막 원정(7차)이었던 영락제의 손자 선덕제 때인 1431년에는 사우디 아라비아의 메카에 들렀으며 케냐의 스와힐리 해안까지 항해하였다.

정화 함대의 원정으로 중국인들은 남양(南洋. 지금의 동남아)에 대한 인식을 새롭게 하였으며, 이후 동남아시아 각지에서의 화교의 수적인 증가에도 기여하였다. 정화가 지휘한 명나라 세력의 인도양 진출은 1492년 콜럼버스의 신대륙발견, 1497년 바스쿠 다 가마의 인도양 도달보다 80~90년이나 앞서는 것이었다. 하지만 영락제가 사망하고 홍희제가 들어서면서 문신들의 환관에 대한 견제에 부딪혀 원양선이 제거되고 무역이 금지되었다. 이후 더 이상의 해양개척은 이루어지지 않았다. 정화는 1433년 마지막 원정을 끝낸 이듬해에 병사 하였다.

이후 명나라는 광동, 영파, 천주(이후 복주로 옮김)에 대외무역 및 관세징수 사무를 감독하던 관청인 시박사(市舶司)를 설치하고, 관영 조공무역만을 허용하는 해금정책(海禁政策)을 취했기 때문에 이후 민간인들은 밀무역으로 빠르게 옮겨 갔다. 또한 보다 활발한 무역을 위해서 해외로 진출하는 화교인구도 점차 늘어갔다.

홍콩해사박물관은 이러한 중국 바닷길 개척의 역사를 설명하고 있다. 자유무역항으로서 홍콩의 발전을 구가해온 민간 해운단체들이 모금한 자금으로 2003년 말에 착공하여, 2005년 9월 8일에 개관한 민간 박물관(면적 500㎡)이다. 그래서 그런지 입장료(30HKD)를 받으며, 다행히 박물관을 방문하는 학생들에게는 할인을 해준다. 박물관에는 목선, 범선 등 중국 조선의 역사를 소개하고 있으며, 1757년부터 광둥성 광저우에서 시작된 중국 해상무역 관련 기록과 유물을 전시하고 있다. 박물관 입구에 들어서면 가장 먼저 볼 수 있는 것이 바로 정화의 원정에 쓰였던 범선을 복원한 모형이다.[23]

23 홍콩해사박물관(http://www.hkmaritimemuseum.org 검색일자: 2017. 7).

≫ 정화의 함대 모형

자료: 홍콩해사박물관. 김동하 © 2017.

또 한 가지 의미있는 배 모형을 볼 수 있는데 바로 홍콩이 영국으로 할양된 직후인 1846년에 만들어진 상선인 치잉호(耆英號)의 모형이다. 기록에 의하면 나무로 만들어진 범선인 치잉호는 1846년 12월 홍콩을 출발하여 8개월 만인 1847년 7월에 미국 뉴욕에 도착하였다. 중국 최초로 남아프리카 희망봉을 돌아 미국에 도착한 상선인 것이다. 치잉호는 1847년 11월에는 보스톤에 도착했고, 1848년 3월에는 드디어 영국까지 이르렀다. 영국이 이를 기념하기 위해 만든 휘장(메달)이 홍콩해사박물관에 전시되어 있다. 치잉은 청나라가 홍콩을 뺏긴 남경조약을 체결한 광동성 흠차대신 치잉의 이름에서 따왔다.

박물관에는 이외에도 홍콩이 지금의 컨테이너를 중심으로 한 세계 물동량 1,2위 도시가 되기까지 항만 현대화 발전 역사 등을 전시하여 놓고 있다. 또한 조선, 해저, 심해탐사, 항운과 관련된 기록물, 기념물들이 전시되어 있어, 20세기부터 세계 1위의 자유무역항으로써 자리매김 해온 홍콩 발전의 배경을 한눈에 볼 수 있었다. 전시장 2층에 올라가면 우리나라 대우조선해양이 기증한 LNG운반선, 초대형 원유운반선(VLCC), 정유운반선(PC) 및 반잠수식 시추선 등 모형이 전시되어 있다.

청조와 함께 사라진 북양해군

홍콩해사박물관에서 눈에 띄는 동상 하나를 발견할 수 있는데 바로 청말기 북양대신 리홍장(李鴻章. 1823~1901)이다. 리홍장은 청말 양무(洋務)운동을 전개하였는데, 이는 서양의 문물을 받아들여 군사적 자강과 경제적 부강을 이루려 했던 사회적 변동이다. 아편전쟁으로 힘없이 홍콩을 영국에게 뺏기자, 서양 문물을 받아들여 새로운 정치 개혁을 통해 중국을 다시 강대국으로 만들려 했다. 이를 위해 서양의 무기와 군사제도로 청군을 무장시키고, 근대적인 군수공장을 세워 서양식 무기와 군수품을 만들었다. 그리고 민간기업을 양성해 서양 상인에게 빼앗긴 이권을 되찾으려 했다.

이러한 맥락에서 리홍장은 중국 최초로 근대화 해군 군사력을 가진 북양해군(北洋海軍, 北洋水師)을 창설하기로 한 것이다. 1875년에 영국에서 4척의 포함을 제작하였으며, 1879년에는 순양함을 만들려 했으나 요구조건이 맞지 않아 1880년에 중국 최초의 철갑선이 될 정원호와 진원호를 독일에서 제작했다. 1881년에는 요녕성 여순과 산동성 위해에 해군기지를 만들었다. 독일에서 건조한 전함들이 중국에 도입되면서 드디어 1888년에 산동성 위해 리우공다오(劉公島)에서 북양해군을 창설한다. 세계 9위의 군사력을 갖추게 된 북양해군은 당시 25척의 군함과 보조선 50척, 운반선 30척을 보유했으며, 관병은

≫ 홍콩해사박물관 내 리홍장 동상

자료: 홍콩해사박물관. 김동하 © 2017.

4천여 명에 달했다. 이러한 북양해군의 위세에 놀란 일본 메이지 정부 역시 사력을 다해 근대식 함대를 건설한다. 그 결과, 불과 6년 만에 전세는 역전되게 된다.

4면이 바다인 일본은 강력한 해군을 건설하는 데 중점을 두고, 인력과 재력을 집중하였다. 반면 영국과 프랑스 등에 패전해서 배상금 지불로 경제력이 바닥난 청나라는 거대한 북양해군을 유지하기 위한 재정 조달(연간 400만 량 백은)에 역부족을 느끼고 있었다. 북양해군의 전함은 녹슬고 있었고, 전함에서 쓸 포탄은 제때 공급되지 못했다. 또한 청나라 고위관리의 부정부패는 군사력을 와해시키는 데 일조하고 있었다. 1894년 7월, 이미 청나라보다 더 많은 함선과 병력을 갖추게 된 일본의 함대가 청나라 수송선을 격침시키면서 청일전쟁이 일어나게 된다. 1894년 9월, 황해해전에서 북양해군은 전함 5대를 잃었으며, 이에 반해 일본 측 손실은 한 척도 없었다. 1895년 2월 3일, 북양해군의 주기지인 위해로 몰려든 일본 군함은 청나라 군함을 전멸시키기에 이른다. 북양해군의 소멸과 함께 이후 오래지 않아 중국의 마지막 왕조인 청나라도 그 운명을 다하였다. 현재 산동성 위해에는 북양해군을 기념하기 위한 갑오전쟁(청일전쟁) 해전관을 지어 놓았으며, 바닷속에서 건져낸 북양함대의 전함과 녹슨 함포, 닻 등이 남아 있다.[24]

홍콩해사박물관에 전시된 리홍장의 동상과 청일전쟁에 대한 설명문은 중국 '해사'의 중요한 역사인 북양해군의 부침을 통해 치욕의 역사를 반복하지 않겠다는 다짐으로 들려왔다.

24 중국갑오전쟁박물관(http://www.jiawuzhanzheng.org 검색일자:2017. 7).

≫ 홍콩해사박물관 외부 전경

자료: 홍콩해사박물관. 김동하 © 2017.

선전—화교들이 만든 부자 도시

어촌에서 경제특구로

선전(深圳. ShenZhen)이라는 도시명은 1979년 3월에 중국 중앙정부와 광둥성 정부가 보안현(寶安縣)을 선전시로 개명하면서 역사에 등장했다. 같은 해 11월에 선전시는 광둥성 1급 직할시로 승격됐다. 선전의 역사 역시 앞서 소개한 홍콩의 역사와 맞물려 있다. 청나라는 영국과 난징조약, 베이징조약을 체결한 후, 홍콩섬을 비롯한 구룡반도 일부를 영국에게 할양하게 되는데, 원래 청나라 신안현(新安縣)에 속해 있던 3,076㎢의 토지 중 34.3%를 영국 관할 홍콩에게 할양하고, 나머지가 지금의 선전시가 된 것이기 때문이다.

1979년 중국이 개혁개방 정책을 결정하기 전 선전시는 선전강(深圳河)이 흐르는 조그만 어촌에 불과 했다. 1980년 8월 26일, 우리 국회에 해당하는 전국인민대표대회는 〈광동성경제특구조례〉를 통과시키고 선전시에 '경제특구'를 설치했다. 이후 선전은 부성급 도시(1981년 3월), 계획단열시(1988년 11월)로 승격되어 외자를 자유롭게 유치할 수 있는 권한을 부여받았으며, 증권거래소 설치(1990년 12월)를 통해 사회주의 국가인 중국에서 '자본주의' 실험장이 되었고, 중국 최초 농민이 없는 도시(2004년) 등으로 경제적인 부를 구가하게 된다.

인구 1,190만 명으로 성장한 지금의 부자 도시 선전을 설명하는 수식어는 수도 없이 많지만, 중국 최초 1인당 GDP 1만 달러 초과 도시(2007년)와 중국 내 임금이 가장 비싼 도시라는 '자랑'이 대표적이다. 2017년 선전시 최저임금은 2,030위안(약 35만원)으로 중국에서 가장 가난한 귀주성 구이양시(1,600위안)보다 27%나 높다.

1국가 2체제를 경험하며

이번 1차 답사에서 개인적으로 관심을 가졌던 루트는 바로 홍콩에서 선전으로 걸어 들어가는 것이었다. 선전과 홍콩은 출장이나 여행으로 여러 차례 각각 방문한 적은 많지만, 두 도시를 걸어서 건너간 적은 아직 없다. 덩샤오핑은 1997년 7월에 영국으로부터 돌려받을 홍콩을 어떻게 할지 고민하다가, 1국가 2체제라는 세계 최초의 실험을 하기로 결정한다. 즉, 중국 대륙의 사회주의를 홍콩에 적용하지 않고, 기존 영국식 민주주의 시스템을 중국 반환 이후에도 그대로 두기로 한 것이다. 그 결과, 중국 오성홍기와 홍콩특별행정구기가 같이 걸려있는 지금의 홍콩은 여전히 영국식대로 기존 정치·경제·사회·교육은 물론 사법·의료 시스템까지 유지하고 있다. 그 결과, 핸들이 오른쪽에 달린 차량이 좌측통행을 하고 있으며, 국회의원 일부는 직

≫ 빅토리아 하버에 걸린 오성홍기와 홍콩특별행정구기

자료: 김동하 © 2017.

선제로 뽑히고 있다. 중국은 홍콩에 대한 외교권과 국방권을 보유하고, '홍콩특별행정구'라는 별도의 자치행정조직을 유지할 수 있게 된 것이다. 따라서 홍콩에서 선전으로 건너가는 것은 중국이라는 한 나라(1국)에 존재하는 2가지 체제(사회주의와 민주주의)를 경험하는 것으로 해석할 수 있다.

선전과 홍콩의 경계는 커우안(口岸)이라고 한다. 중국어로 커우안은 항만(Port)이며, 또 다른 뜻은 국경 혹은 무역지점에 설치된 통상항구이다. '커우안'은 홍콩과 선전이 갖는 특수성을 투영한다. 나라 간의 국경(border)이 아니므로, 국경을 뜻하는 중국어인 변경(邊境)을 쓰지 않는다. 중국 땅이 되었지만 중국인들은 홍콩을 자유롭게 갈 수 없다. 마치 다른 나라를 갈 때 비자를 받듯이 홍콩·마카오 왕래통행증(往來港澳通行證)이라는 별도의 증명서를 수속해야 한다. 종류별로 다르지만 관광 목적의 중국인들은 1회 7일간 홍콩에 체류할 수 있다. 반면

≫ 홍콩·마카오 왕래통행증

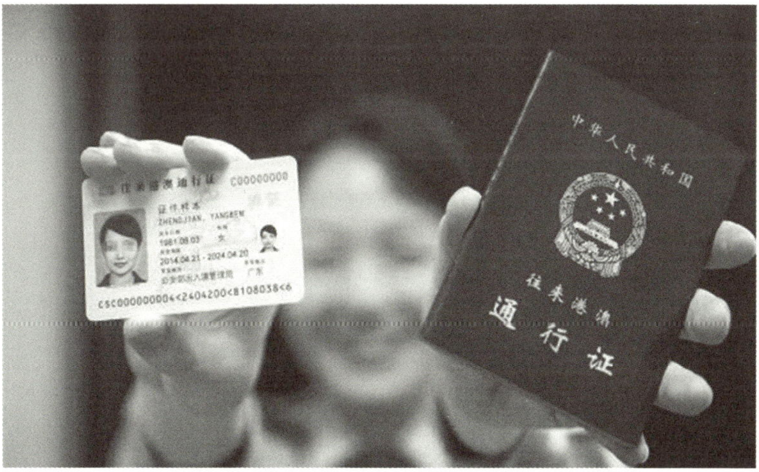

자료: 선전출입관리국(검색일자: 2017. 3).

에 여기에도 차별이 존재한다. 홍콩인들이 선전을 갈때는 '홍콩·마카오 동포 왕래 내륙통행증(港澳居民來往內地通行證)'을 발급 받아야 하는데, 이 증명서는 2008년까지는 '홍콩·마카오 동포 귀향증'이라고 불렸다. 홍콩인들은 자신들의 새로운 조국인 '고향'에 가는 것이므로 체류 제한은 없으며 '귀향증' 유효기간(보통 10년) 동안 자유롭게 머물 수 있다.

홍콩과 선전간을 왕래할 수 있는 커우안은 모두 8개가 있으며, 이 중 2개는 유람선만 다닐 수 있는 항구이며, 3곳은 신선식품 및 공용차량 등 특수목적 차량만 통행할 수 있거나, 화물용으로 전문화 되어 있다. 개인이 통행하는 대표적인 커우안은 3곳(로후·푸톈·황강)인데 우리는 이 중 로후(羅湖)로 향했다. 로후는 홍콩에서 선전 방향의 지하철 종점이며, 선전에서 홍콩방향 최종 지하철 역이기도 하다. 홍콩 로후 지하철 역을 나서면 바로 선전 로후 커우안으로 연결통로가 있으며, 이곳에서 우리는 중국 입국수속을 거치고 도보로 홍콩과 선전을 경계 짓는 선전강 위의 다리를 건널 수 있었다. 수많은 사람들이 이 다리를 바삐 건너고 있었지만 나는 중간에 멈춰 역사적인 순간을 기록하고 싶었다. 아마도 나 같은 사람이 간혹 있는지 다리 경계에는 '머무르지 말고 이동하시오'라는 중국어 경고문이 있는 것이 아쉬웠다.

나는 좀 더 생생한 홍콩과 선전의 경계선을 보기 위해, 또 다른 커우안인 푸톈 커우안을 찾았다. 두 도시 간에는 철조망이 가로막고 있었지만 긴장감이나 무장한 경비 인원들은 볼 수 없었다. 1·2층으로 나뉜 밀폐식 다리에서는 각기 다른 방향으로 움직이는 두 도시민들만 보였다. 사회주의 도시 선전에서 특이한 모습을 목격했다. 바로 수많은 유치원, 초등학생들이 줄을 서서 목에 통행증을 걸고 커우안을 넘어 오는 것이었다. 나중에 물어보니 이들은 선전에 거주하는 홍콩시민들의 자녀로, 선전과 홍콩을 넘나들면서 통학을 하는 것이었다. 촬영금지 구역이여서 카메라에 담지는 못했지만, 내 눈에는 사회주의에 살면서 민주주의를 교육받는 '신인류'로 비추어졌다.

화교들이 만든 도시

선전은 덩샤오핑이 만든 4개의 경제특구 중 하나였다. 당연히 그 목적은 선전과 마주하고 있는 홍콩의 자본, 즉 화교 자본을 유치하여 그가 추진하던 개혁개방 정책에 필요한 해외 자금을 흡수하는 데 있었다. 하지만 중국경제·사회 발전의 시계를 전대미문의 혼란으로 10년이나 멈추게 만든 문화대혁명이 끝난 지 불과 4년 만이었다. 문화혁명 시기, 해외에 나간 화교를 가족으로 둔 이들은 '반동'으로 몰려 전 재산이 몰수당하고, 농촌으로 쫓겨났다. 따라서 경제특구 선전이 만들어졌지만 '홍위병'의 기억이 아직도 남아있던 중국에 선뜻 투자할 외국기업은 아무도 없을 듯 보였다.[25]

이때 나서기 시작한 이들이 바로 동남아의 화교들이었다. 이들의

25 홍위병(紅衛兵): 1960년대 공산당의 청년운동에 가담한 학생들로 마오쩌둥을 지지하였다. 1966년 당 주석 마오쩌둥이 '수정주의적' 당국자인 류사오치, 덩샤오핑 등과 맞서 싸우는 것을 돕기 위하여 중국 공산당의 주관 아래 조직되었다. 1966년 그의 소집에 호응한 홍위병들은 중국의 구시대적 문화유산을 제거하고 정부 내의 부르주아적 요소로 간주되는 모든 것을 축출하는 데 앞장서게 된다. 1966년 수백만의 홍위병들이 베이징으로 집결하여 마오쩌둥과 함께 8회에 걸쳐 대규모 집회를 가졌으며, 전국적으로 1,100만 명에 육박하였다. 홍위병들은 각 지역의 당 지도자들은 물론 교사 및 학교 지도자, 지식인, 그리고 전통적인 견해를 가진 사람들을 박해하였다. 1967년 초에 이르러서는 전국에 걸쳐 기존 당체제를 전복하였다. 한편, 산업생산이 중단되고 도시 기능이 마비되자 정부에서는 1967~1968년 홍위병들을 고향으로 돌아가도록 권유하였다. 그리고 정규군이 전국에 걸쳐 투입되어 질서를 회복하였으며 이를 계기로 홍위병 운동은 점차적으로 쇠퇴하였다(中國網. 검색일자: 2014. 6).

고향은 광둥성이었고, 친척을 위해서 기꺼이 사회주의 국가라는 리스크를 감수했다. 태국 최대 화교기업인 정태그룹(正大集團)도 그중 하나다. CEO 세궈민(謝國民. 1939년생)은 조부가 광둥성 출신이었다. 그는 중국 첫 번째 경제특구인 선전이 정식으로 생기기도 전인 1979년에 제1호로 선전에 등록한 최초의 외자기업이었다. 세궈민의 판단은 옳았다. 중국정부는 화교를 위한 법률·법규와 별도의 우대정책을 만들어 고국에 투자한 화교기업들이 수익을 거둘 수 있도록 지원했으며, 현재 정대그룹은 중국 내 300여 법인을 두고 8만 명의 직원과 함께 연간 1천억 위안(약 17조원)의 매출을 올리고 있다.

선전시 통계국에 따르면 2015년 한 해 선전시가 유치한 외자는 총 255.9억 달러인데, 이 중 89.3%가 홍콩·마카오로부터 투자가 되었고, 2.65억 달러(1.04%)는 대만에서 왔다. 홍콩은 투자목적회사(SPC)를 세우고 중국 내에 투자하려는 전 세계 화교자본의 통로이다. 선전이 개혁개방의 첨병으로 등장한 1980년 이후 지금까지 홍콩으로부터의 투자는 90% 내외로 압도적이고 이들 중 거의 대부분은 화교 자본이다. 선전은 중국 내 도시간 경제규모(GRDP) 순위에서 상하이, 베이징, 광저우에 이어 4위에 머물고 있으나, 사회과학원, 국가발전연구중심 등에서 매년 공포하는 중국 도시경쟁력 순위에서는 상하이와 1, 2위를 다투고 있다. 결국 지금의 선전이 있기에 화교들의 공헌이 최우선이었던 것이다.

≫ 중국 선전 푸톈 커우안에서 바라본 철조망 바깥 쪽의 홍콩

자료: 김동하 © 2017.

≫ 중국 선전 로후 커우안 전경

자료: 김동하 © 2017.

선전 발전의 증거, 맥도날드

우리는 이를 확인할 수 있는 현장으로 아직도 원래 자리에 남아있는 중국 제1호 맥도날드 지점으로 향했다. 맥도날드는 미국 자본주의의 상징이다. 1954년 미국에서 탄생한 맥도날드는 1975년에 홍콩에 첫 지점을 냈고, 드디어 중국 선전에도 등장하게 된다. 비록 개혁개방을 시작했지만 아직도 정부주도의 계획경제에 놓여있던 당시 중국 상황을 고려할 때 이는 중국 경제사에 획을 긋는 이정표였다.

1990년 10월 8일 오전, 선전시 해방로 광화루 서화궁에 500석 규모의 중국 최초 맥도날드 지점이 개업했다. 맥도날드(홍콩)유한공사가 4천만 홍콩달러를 전액투자했으며, 카운터에서는 홍콩달러와 위안화를 동시에 받았다. 당시 개업식에서 맥도날드는 선전시에 15만 위안의 사회복리기금을 기부하기도 했다. 우리 답사팀은 27년이 지난 지금 아직도 그 자리에 위치하고 있는 맥도날드 중국 1호점을 찾았다. 매장은 최첨단으로 바뀌어 카운터는 사라지고 무인주문시스템 키오스크(kiosk)에서 고객들은 스크린을 터치하며 위챗머니(Wechat Money)로 모바일 결제를 하고 있었다. 이제는 중국 내 지점이 2,400개로 늘어난 맥도날드 1호점에서 우리는 27년 전 중국 고객들이 느꼈을 경이로움을 상상할 수 있었다.

≫ 1990년 개업 당시 선전 맥도날드 중국 1호점 전경

자료: 麥麥同學會(http://blog.sina.com.cn/s/blog_697fdebb0100jzmt.html).

≫ 선전 맥도날드 중국 1호점의 2017년 현재 전경

자료: 김동하 © 2017.

덩샤오핑, 화교들의 도움으로 개방을 시작하다

덩샤오핑, 개방을 경험하다

개혁개방의 설계사, 중국 2세대 지도자인 덩샤오핑은 사천성 광안(廣安) 출신이다. 광안시는 사천성 수도인 청두에서 동쪽으로 250㎞나 떨어진 외진 곳이다. 오히려 남쪽에 있는 충칭에서 가는 교통편(100㎞)이 더 편하다. 이번 답사기 일정에는 당초 광안시에 있는 덩샤오핑 기념관이 목적지에 있었지만 일정을 초과하는 교통편 때문에 빠진 것이 못내 아쉬웠다. 덩샤오핑의 경력 일부만 봐도 그가 왜 개방을 생각하게 되었는지 알 수 있다.

덩샤오핑은 1904년, 즉 아직 중국이 봉건주의(청대)였을 때 출생했다. 1919년 가을, 15세의 덩은 충칭에 있는 해외근로학생 예비학교(勤工儉學)에 입학한다. 1919년 일제침략에 저항한 5.4운동의 영향으로 채원배(북경대총장) 등은 프랑스 인사와 협력하여 신문물을 배워올 중국 해외근로학생을 프랑스에 보내기로 하고 중국프랑스교육회를 창설한다. 이후 이들은 프랑스 내 화교단체의 지원을 받아 1919년부터 1920년까지 20차례 1,600여 명의 청소년들을 프랑스로 내보냈다.

1920년 10월, 덩은 상하이에서 프랑스로 향하는 배에 전국 각지에서 온 80명의 근로장학생들과 함께 몸을 실었고, 10월 20일 프랑스 2대 항구도시인 마르세유에 도착한다. 도착 후 노르망디 중학교에 입학했으나, 학비를 내지 못해 그는 곧 근로 현장에 나서게 된다. 당시 프랑스는 1차대전 후라서 불경기에 실업자도 넘쳐났다. 중국에서 건너온 청소년이 일하면서 학비와 생활비를 댈 수 있는 일자리는 많지 않았다. 덩은 그 후 철강사, 고무공장, 르노자동차에서 현장 근로자로 일했다. 1922년 여름, 그는 인생을 결정할 '유럽중국소년공산당'에 입당하게 된다. 이후 22세 때인 1926년에는 러시아에 있는 모스코바 중산대학(Sun Yat-sen University. Moscow)에 입학했는데, 이는 중국 내 공산혁명 이론가 배양을 위해 구소련이 만든 교육기관이었다.

1927년 봄, 23세의 덩은 중국으로 귀국하여 그 후 알려진 파란만장한 공산주의 활동을 하게 된다. 개혁개방이 한창이던 1985년 8월, 덩샤오핑은 프랑스 외무장관을 만난 자리에서 '사회지식에 관한 교육은 당시 5년 2개월간 프랑스 체류 경험에 기인하며, 이 중 4년간 근로자로 일했는데 당시 노동자와 자본가의 관계를 생각할 기회가 주어져 내가 공산주의자가 되었다'고 회고한 바 있다. 어찌하건 중국의 마지막 봉건주의 청나라에서 툭 튀어나온 20대 초반 청년 덩샤오핑에게 프랑스와 러시아에서의 경험은 엄청난 충격이었을 것이다.

선전, 덩샤오핑 제2의 고향

선전은 덩샤오핑의 제2의 고향으로 불릴 만하다. 잘 알려진 것처럼 1979년 중국은 개혁개방 정책을 시작하면서 광둥성의 선전, 산터우, 주하이와 푸젠성의 샤먼 4곳을 우선 경제특구로 정했다. '경제특구'는 외국자본을 유치하는 권한을 지방정부에 위임하는 것에 방점이 있었고, 앞서 소개한 중국 내 맥도날드 1호점도 이런 이유로 선전에서 문을 열 수 있었다.

개혁개방을 시작하면서 중국정부는 덩의 지시로 수많은 해외시찰단을 보냈다. 조영남(2016)[26]에 따르면 덩샤오핑 본인도 1977년부터 1979년까지 네 차례에 일본, 태국, 말레이시아, 싱가포르 등 8개국을 방문했다. 또한 같은 기간 13명의 부총리와 장관이 21차례에 걸

26 조영남(2016), 『덩샤오핑 시대의 중국』, 민음사.

쳐서 유럽(프랑스, 스위스, 벨기에, 덴마크, 서독)을 포함한 51개 국가를 방문했다. 1978년 홍콩과 마카오를 방문한 결과, 덩은 경제특구를 설치하기로 결정한다. 물론 그 이유는 화교를 통한 외국자본의 유치였다. 따라서 선전은 덩샤오핑, 개혁개방, 화교라는 공통분모가 관통하는 곳이다.

중국 각지를 둘러봐도 덩의 동상은 전국에 딱 2곳이 있는데 그중 한 곳은 2001년에 만든 덩의 고향 광안시 '덩샤오핑 기념관'에 있고, 다른 하나는 우리가 방문한 선전 연화산(蓮花山) 공원 정상에 있다. 이는 마오쩌둥 동상이 전국 각지(학교, 공장, 군사기지, 공산당 건물 등)에 수십개 넘게 있는 것과 비교된다. 덩샤오핑은 1997년 2월 19일, 베이징에서 향년 93세로 서거했다. 당시 신화통신사가 밝힌 덩의 유언은 '유체고별식을 하지 말고, 영안실을 설치하지 말며, 각막기증 후 시신은 의학연구용으로 쓰고, 유골은 바다에 뿌려라'였다. 그는 문화혁명 시기를 경험하면서 마오의 우상화로 수많은 폐단이 시작되었다고 믿고 있었다. 따라서 덩이 무덤을 만들지 않은 것은 이상하지 않다. 나는 덩샤오핑 서거 때 베이징에 있는 칭화대에서 유학생 신분으로 졸업 논문발표 준비를 하고 있었다. 공군기 안에서 덩의 유족들이 그의 유골을 바다 위로 뿌리는 것을 중국 CCTV에서 본 기억이 생생하다.

연화산 공원의 덩의 동상에는 '등소평 동지 2000년 10월 1일'이라고 쓴 장쩌민의 필체가 각인되어 있다. 어찌보면 우상화를 금지한 덩의 유언을 장쩌민이 어긴 셈인데 여기에는 고개를 끄덕일 만한 이유가 있다. 중국의 3세대 지도자인 장쩌민은 바로 덩이 1989년 6월 천안문 사태 이후, 후계자로 선정했기 때문이다. 높이 6미터, 무게 6톤의 청동으로 만들어진 덩의 동상은 2000년 11월에 완성되었는데,

이 해는 선전 경제특구가 생긴 지 20주년이 되는 해이다. 그의 마지막 업적이었던 홍콩의 중국 반환을 몇 개월 앞두고 서거한 점은 덩의 시선이 왜 선전 맞은 편 홍콩을 향하고 있는지를 설명해 준다.

≫ 선전박물관의 덩샤오핑 전람실

자료: 선전박물관. 김동하 © 2017.

≫ 선전 연화산공원 정상의 덩샤오핑 동상

자료: 김동하 © 2017.

개혁개방의 교육장, 선전박물관

선전박물관은 덩샤오핑 동상이 있는 연화산공원 바로 앞쪽이다. 박물관에는 크게 선전지역의 민속문화, 선전과 홍콩간 역사적 관계, 경제특구를 통해 선전이 발전한 과정 그리고 덩샤오핑의 개혁개방 정책에서 선전이 한 역할 등을 나누어 전시하고 있다. 또한 선전을 통해서 해외로 나가 지금은 화교가 된 중국 근로자 현황을 정리해 놓아, 우리 답사팀은 유익한 정보를 얻을 수 있었다.

선전 경제특구 전시실에서는 중국에서 최초로 증권거래소가 생긴 배경과 당시 기념물들을 통해 '사회주의 시장경제'가 어떻게 발전해 왔는지를, 교재와 강의실에서만 알려주던 내용들을 입체적으로 접할 수 있어서 중국경제를 가르치는 나와 우리 재학생들에게 무엇보다도 유익한 시간이었다.

덩샤오핑 전람실에는 1984년 선전 시찰시 머물렀던 사무실 집기, 1992년 남순강화 때 기념식수에 쓰였던 삽과 물통, 탑승했던 Toyota 실물 버스까지 전시되어 있다. 이는 덩샤오핑에게 선전이 갖는 의미를 다시 한번 강조해주는 것이라 할 수 있다.

참고로 당시 경제특구로 지정된 선전, 주하이, 산터우, 샤먼 등에서 가장 경제발전 실적을 내지 못했던 곳이 산터우시다. 선전은 홍콩 화교, 주하이는 마카오 화교, 샤먼은 대만 화교라는 뚜렷한 외자유치 목표가 있었다. 반면에 산터우는 '경제특구'로 지정하기 위한 목표가 명확하지 않았다.

광둥성 동쪽 끝자락에 있는 산터우가 경제특구로 지정된 것에 대한 중국학자들의 평가는 다음과 같다. 첫째는 개혁개방 정책 결정 당시 산터우가 고향이던 광둥성 서기 우난성(吳南生)이 영향력을 발휘했다는 것이다. 또한 경제특구 지정 당시 그 성공 여부는 누구도 장담할 수 없었으며, 따라서 실패에 따른 후유증이 가장 작은 지역 후보로 산터우가 낙점을 받았다는 점이다. 둘째는 산터우가 조산문화(潮汕文化)의 본거지라는 점이다. 조산문화의 역사적 유래는 기원전인 진·한나라 때까지 거슬러 올라간다. 한족 문화 중 하나인 조산문화는 조극(潮劇), 조주어(潮州話), 조주요리 등 별도의 문화 체계를 형성하고 있을 만큼 독특하고 독립적이다.

셋째는 산터우가 조주 화교로 대표되는 화교들의 고향이라는 점이다. 산터우라는 명칭은 1921년에 시가 설치되면서 등장했고, 지금 산터우 지역은 명나라 때부터 조주부(潮州府)가 설치되어 지금도 '조주'라고 통칭된다. 물론 산터우 바로 위에는 1953년에 설치한 조주시가 따로 있다. 세계 각지에 분포된 광둥성 출신 화교들 중에서도 1,200만 명이나 되는 조주화교가 별도의 분파를 이루고 있다. 우리에게도 잘 알려진 홍콩의 화교재벌 리카이싱(李嘉誠)이 바로 조주 출신이다.[27]

산터우, 차오저우(潮州)라는 숙제를 안고 우리는 다음 여정지인 광저우를 향해 가는 고속철에 몸을 실었다.

27 선전박물관(http://www.shenzhenmuseum.com 검색일자: 2017. 7).

≫ 선전박물관의 개혁개방 전람실

자료: 선전박물관. 김동하 © 2017.

≫ 선전박물관의 경제특구 전람실

자료: 선전박물관. 김동하 © 2017.

≫ 광동성 선전박물관과 1차 답사 팀원들

자료: 김동하 © 2017.

화교들의 요람, 광동과 광동화교박물관

화교들과 광동상인의 고향

12세기부터 전 세계 각지에 퍼진 화교들의 고향을 파악하는 것은 애초부터 불가능한 일인지도 모르겠다. 하지만 지금까지 앞서 서술한 아편전쟁, 홍콩, 선전(심천)의 역사적 배경을 보면 광동성이 주요 화교들의 고향이 되리라는 것은 어렵지 않게 짐작할 수 있다.

치우진이 2012년에 펴낸 '화교화인보고서'에 따르면 동남아 지역 화교들의 고향을 구분해 놓았는데 언어 및 인구통계를 활용하였기에 그 구성이 비교적 정확하다. 동 보고서에 따르면 동남아 9개국(태국, 말레이시아, 싱가포르, 인도네시아, 필리핀, 베트남, 캄보디아, 미얀마, 브루나이)에 분포한 화교 3,050명 중 50.8%는 광동성 출신이며, 34.2%는 복건성, 15%는 기타 지역(해남, 운남 등) 출신이다. 아시아 지역 화교 비중은 전 세계 화교(4136만명)의 74.3%를 점유하고 있다. 따라서 전 세계 화교 절반 이상의 고향이 광동성인 셈이다.

여기에는 지리적인 요인과 정치적인 요인 두가지 모두가 담겨 있다. 광동성은 육로와 해로를 통해 동남아로 진출이 용이한 위치에 있다. 베트남 하노이와 광동성 광저우간 거리는 800㎞인 데 반해, 복건성 푸저우간 거리는 1,500㎞이다. 또한 역사적으로 보더라도 명대와 청대에 광동성과 복건성 모두 해상 무역을 하면서 화교를 배출하였으나, 청조 건륭 22년(1757년)에 이르러 조정은 복건, 절강, 강소 세 군데 세관을 폐쇄하고 광동 세관만을 남겨두어 대외통상 창구로 삼았다. 따라서 화교를 배출할 수 있는 주요 채널 역시 광동성으로 일원화된 셈이다.

중국에서 제일 장사 잘하는 상인으로 꼽히는 광동상인의 기질 역시 화교 배출에 영향을 미쳤다. 광동 지역은 이미 명대 초기에 주강 삼각주 지역의 농수산물 재배에 필요한 농기구 제조, 농수산 제품 가공업을 시작하였다. 이후 포장재료 제조, 운송업까지 발전하게 된다. 이러한 환경의 변화는 광동인의 사고를 변화시켰는데, 학문에 정진하여 관직을 얻는 것이 최고의 가치라는 전통사상에서 벗어난 것이다. 이후 광동 지역에서는 관직을 버리고 상인이 되거나, 학자의 길을 마다하고 상인이 되거나, 농민에서 상인이 된 사람이 늘어나게 된다. 이는 다양한 계층 구성원들이 상인의 길을 걷게 됨에 따라 다재다능한 광동상인의 특징을 구성하게 되는 토대가 된다. 이들은 진취적으로 동남아로 진출하여 지금의 화교 상인, 즉 화상(華商)을 구성하게 된 것이다. 이러한 연유로 우리는 광동성 광저우에 위치한 '광동화교박물관'을 찾게 되었다.[28]

화교들의 요람, 광동화교박물관

광동화교박물관은 1986년에 광동성 성정부가 건립을 결정하고, 건립준비위원회를 설치했다. 이후 10년간의 준비 작업을 거쳐 1995년에 착공하였으며, 2009년 11월에 개관했다. 중국정부는 최고 행정부처인 국무원(우리의 국무총리실에 해당) 산하 직속기구로 화교판공실(Overseas Chinese Affairs Office of The State Council)을 두고 화교 업무를 관장하고 있다. 이곳 최고 책임자인 주임은 장관급이다. 화교판공실은 지역별로 산하부처를 두고 있는데, 광동화교박물관은 광동화교판공실 직할 사업단위(성급 전문 화교박물관)이다. 현재 소장품은 4천여 점이며, 2010년에는 광동성 중화문화전승기지로 지정되기도 했다.

28 광동화교박물관(http://www.gdhqbwg.com 검색일자: 2017. 7).

≫ 광동화교박물관 외부

자료: 김동하 © 2017.

≫ 광동화교박물관 내부

자료: 광동화교박물관. 김동하 © 2017.

광동화교박물관 건축면적은 6,000㎡이며, 전시장 면적은 4,200㎡ 규모이다. 건설에 총 4,200만 위안(약 75억원)이 투자가 되었는데 이 중 20%는 국무원 화교판공실이 40%는 광동성 정부가 지원했으며, 나머지 40%는 전 세계 각지 화교들이 기부한 성금으로 이루어졌다. 실제 전시장 곳곳에는 광동화교박물관에 거액을 기부한 세계 각국의 화교들을 소개하는 안내문이 붙어 있다.

광동화교박물관은 크게 화교의 역사와 화교들의 실생활, 특히 그 중에서도 광동 출신 화교들의 소개에 중점을 두고 구성되었다. 실제 각 전시실 주제는 해외이민역사, 화교창업사, 문화계승, 거주국에서의 적응, 화교거주국과의 협력, 화교사무 등 6개로 나뉘어 각 전시실에서 관련 유물과 기념물들이 전시되고 있다.

광동화교박물관은 전세계에 퍼진 화교들의 자손들에게 그들의 부모, 조부모, 증조부모 혹은 더 오랜 조상들이 어떻게 중국에서 해외로 진출했으며, 어떤 과정을 통해서 현지에서 뿌리내리게 되었는지를 알려주는 교육장으로 활용되고 있었다. 실제 우리가 방문했을 때에도 호주에 있는 화교 커뮤니티 청소년들 50여 명이 방문하여, 우리와 함께 박물관을 관람했다. 이들을 인터뷰 한 결과, 본인들이 화교의 자손임을 자랑스러워하고 있었다.

우리는 이곳 박물관에서 특이한 전시물을 발견할 수 있었는데, 바로 전 세계 160개 국가 위치한 광동회관(廣東會館) 사진을 빼곡히 모아놓은 벽이었다. 광동회관은 세계 2천여만 명으로 추정되는 광동 출신들 화교들만을 위해 조성된 커뮤니티의 본거지로써 활용되고 있는 조직이다.

청나라는 1861년에 외사 업무를 전담할 기구로 총리아문을 설치하였는데, 지금의 외무부에 해당된다. 하지만 아편전쟁 패전 이후 열세에 몰린 청나라는 전 세계 각국에 영사관을 설치할 정도로 재정적으로나 정치적으로 여유롭지 못했다. 이때 활용된 것이 세계 각국에 설치된 중화회관(中華會館. Chinese Consolidated Benevolent Association)이었다. 총리아문이 생기기 10년 전인 1851년에 광동성 남해, 번우, 순덕지역 출신 화교들은 이미 미국에 첫 번째 중화회관을 세우고 고향 땅에서 건너오는 동향인들에게 숙식과 법률서비스 등 상조 기능을 수행했다. 청조 총리아문은 1877년 10월에 이르러서야 싱가포르에 첫 번째 영사관을 세우고 화교 영사보호 업무를 시작했다. 즉 이 기간 동안 '광동회관'과 이후 명칭을 바꾼 '중화회관'은 민간 단체로서 영사보호 역할을 했었음을 알 수 있다. 이들 '광동회관'은 지금도 전 세계 각지에 분포하고 있으며, 지금은 광동성 출신 화상(華商)들의 비즈니스센터 역할을 하고 있다.

≫ 전 세계 각지에 위치한 광동회관 사진 모음

자료: 광동화교박물관. 김동하 © 2017.

≫ 전 세계 각지에 위치한 화교들의 분포도

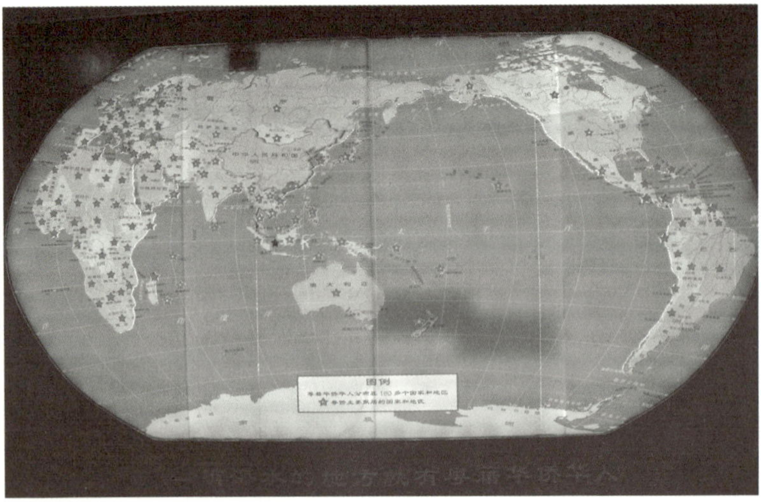

자료: 광동화교박물관. 김동하 © 2017.

손문과 화교

우리 답사팀 일행이 광동화교박물관을 방문할 당시에 마침 박물관 1층에서는 '순중산과 화교' 특별전이 열리고 있었다. 2016년은 손중산 탄생 150주년으로 이를 기념하는 활동 중 하나였다. 이 전시회는 손중산과 화교와의 관계, 그의 혁명 일대기 중 화교의 역할 등을 주제로 관련, 유물, 동영상, 사진 등을 전시하는 자리였다. 이 전시회를 통해 우리 답사팀은 손중산과 화교와의 관계를 다시 돌아 볼 수 있는 계기가 되었음은 물론이다.

1949년 이후 지금까지 '사회주의'와 '민주주의'로 대립하고 있는 중국과 대만에서 공통으로 국부(國父)로 칭송받고 있는 이가 바로 손중산이다.

손문(쑨원. 孫文)의 호는 중산(中山)이다.[29] 그는 1866년에 광둥성 샹산현(현재 중산시)의 한 농민 가정에서 태어났다. 손문은 12살 형인 손메이(孫眉)의 영향으로 일찍이 서양 교육을 받게 된다. 손메이는 17세

29 손문(孫文. 1866~1925): 18세 때 히와이에서 귀국하여 고향을 거쳐 홍콩으로 이주하여 광저우와 홍콩의 서의서원(西醫書院: 의학교)을 졸업(1892)한 뒤 마카오·광저우에서 개업하였다. 홍콩의학교 때부터 반청운동(反淸)에 가담했다. 1894년 청일전쟁 때 하와이에서 흥중회(興中會)를 조직한 뒤 화교들을 모아, 이듬해 10월 광저우에서 거병(광주봉기)하였으나 실패하고 일본으로 망명했다. 1896년 하와이를 거쳐 런던으로 갔으며, 이 시기 삼민주의(民族·民權·民生)를 구상하였다. 1905년 러일전쟁이 일어나자 도쿄에서 중국혁명동맹회를 결성하고, 반청 무장봉기를 다시 시도하였다. 1911년 10월 미국에서 군자금을 모금하던 중 신해혁명이 발발하자 귀국하였다. 귀국 후 임시 대총통(大總統)에 추대된 그는 1912년 1월 중화민국을 성립한 후, 청나라(베이징)를 정복할 북벌군을 조직하여, 스스로 황제를 칭하던 위안스카이에게 대항하였다. 1919년 5.4운동이 일어나자 중화혁명당을 국민당으로 개조한 뒤, 공산당과 제휴(국공합작), 노동자·농민과의 결속을 꾀하였다. 그러나 뜻을 이루지 못한 채 1925년 3월 12일 베이징에서 간암으로 사망하였다. 1929년 그의 유해는 난징 중산릉(中山陵)에 묻혔다(자료: 中國網).

때(1871년) 미국 하와이 호놀룰루에 계약 노동자로 이주하게 된다. 그는 마우이 섬에서의 개간사업을 통해 농장을 경영하게 되고, 오래지 않아 지역 유지로 큰 돈을 벌게 된다. 1879년에 그는 고향에 편지를 보내 14세 소년 손문을 하와이로 불러 농장 사업을 같이 영위하고자 하였다. 하지만 호놀룰루에 도착한 손문은 사업보다는 공부를 하기 원했고, 동생의 뜻을 존중한 손메이는 기숙학교인 Iolani School에 입학시켜 영어를 배우게 하였고, 이후 1879년 9월에는 영국성공회가 설립한 학교인 Oahu College(현재 Punahou School)에서 고교 과정을 이수하고 1882년 가을에 졸업을 하게 된다. 1883년 7월에 고향으로 귀국한 손문은 이후 3년간 지속된 중국-프랑스 전쟁에서 청조의 부정부패와 봉건왕조의 무력함을 목격하고, 공화국이라는 새로운 국가체제를 건설하려는 혁명가로서의 길에 나서게 된다. 그는 1894년 11월 24일에 미국 하와이 호놀룰루에서 중국 역사상 최초의 민주혁명단체라 할 수 있는 흥중회(興中會)를 설립하게 된다. 이 때부터 해외 각지의 화교들은 1911년 신해혁명으로 청조가 멸망할 때까지, 손문의 혁명사업에 물적·인적 지원을 아끼지 않았다. 광동화교박물관의 '손중산과 화교' 특별전 역시 이러한 과정을 정리한 전시였다.

신해혁명이 끝나고 손중산은 '화교는 혁명의 어머니(華僑爲革命之母)'라는 편액을 쓴 바 있다. 이는 손문이 화교를 어떻게 생각하고 있는지를 여실히 보여준다. 먼저 하와이에서 결정된 혁명단체인 흥중회의 초대 회원 20여 명들은 모두 미국 화교들이었다. 또한 1905년 8월 20일, 손문이 일본 도쿄에서 결성한 중국혁명동맹회 역시 일본주재 화교·화인들이 대다수였다.

손문이 가장 먼저 일으킨 반청조 혁명인 광주봉기는 1895년에 있었고, 이후 16년 동안 10번의 무장봉기가 더 있었으며, 그 결과 칭조를 무너트린 신해혁명이 성공한 것이다. 이 기간 동안 손문은 미국 하와이 6회, 싱가포르 8회, 말레이시아 9회, 베트남 5회, 태국 2회, 미국 본토 및 유럽 4회, 일본 12회를 방문하여 화교들로부터 혁명사업을 위한 자금을 공급 받았다.

중국 CCTV에서 방영한 다큐멘터리인 '순중산과 화교화인'에 따르면, 광주봉기(1895. 10)에는 총 43,000홍콩달러의 경비가 소요되었는데, 미국 샌프란시코 화교들과 홍콩혁명당원들이 기부하였다. 1908년 4월에 일어난 하구봉기에는 동남아 화교들이 298,550위안을 기부하였으며, 주로 태국과 베트남 화교들이었다. 광주 황화강 봉기(1911. 4. 27)에는 224,443위안의 경비가 소요되었는데, 이 중 51.3%인 115,143위안은 말레이시아와 싱가포르 화교가 부담하였으며, 미국 화교(HKD 15,000), 캐나다 화교(HKD 74,000)들도 기부한 것으로 기록에 남아 있다. 게다가 황화강 봉기에는 리원카이를 비롯한 싱가포르, 말레이시아, 베트남, 미얀마 출신 화교들이 직접 참여하여 희생되었다. 86명의 황화강 봉기 열사들 중 31명이 해외 화교 출신이었다. 하구봉기, 진남관 봉기, 흠렴상사 봉기 등 지리적으로 베트남과 인접한 지역(광서자치구, 운남성)에서의 봉기에는 베트남에 거주했던 광서 및 광동 출신 화교들이 직접 참여하였다.[30]

마지막 10번째 무장 혁명이었던 무창봉기(1911. 10. 10)에는 싱가포르 및 말레이시아 화교(870,896위안), 베트남 화교(530,000위안), 일본 요코하마 화교(30,000위안), 버마 화교(278,000위안), 미국 화교(388,261위안), 홍콩 화교(800,000위안)들은 물론 멀리 쿠바 화교들(61,860 위안)까지 기부금을 내어 놓았다.

30 「孙中山与华侨华人」央视网(http://tv.cntv.cn/videoset/VSET100314456467 검색일자: 2017. 7).

≫ 중국CCTV 다큐멘터리 손중산과 화교화인

자료: CCTV 화면 캡처(央视网. http://tv.cctv.com. 2016. 11. 7).

≫ 손중산의 편액, '화교위혁명지모'

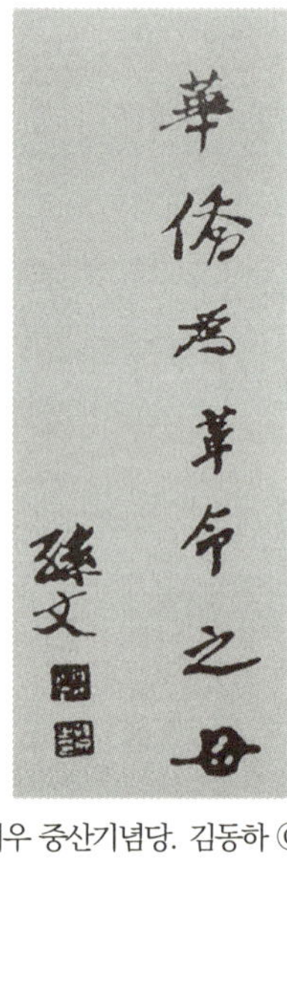

자료: 광저우 중산기념당. 김동하 © 2017.

중산기념당(中山紀念堂)

중산(中山)은 손문의 호이다. 중산기념당은 광동성의 수도인 광저우에 있는데, 이곳은 옛 국민당 정부 광저우 총통부 자리였다. 1921년에 총통부 건물이 이 위치에 세워졌으나, 이는 일본과의 전화(戰火)로 소실되었다.

중산기념당은 광저우시 인민정부와 해외 화교들이 손중산을 기념하기 위해 자금을 모아 건설한 것이다. 중산기념당은 1929년 10월에 착공하여 1931년 11월에 완공되었다. 1956년에 현재 있는 무게 3.9톤 5.5미터 크기의 손중산 동상이 기념당 앞에 설치되었다. 1963년에 대규모 보수공사가 한 차례 있었고, 이때 현재의 유리 기와가 설치되었다. 기념당 면적은 6만여㎡이다. 기념당은 높이 49미터 8각형 모양이며, 1층과 2층으로 나뉘어진 직경 71미터의 건축물에 기둥 하나 없는 공간을 만들었다. 기념당 건축물 면적은 3,700㎡ 이다. 기념당 정면에는 손중산의 글씨인 '천하위공(天下爲公)'이 편액으로 걸려 있다. 천하위공(天下爲公)은 예기(禮記)에 나오는 말로 '하늘 아래 모든 이는 공평하다'는 뜻이다. 손문이 신념으로 삼았으며, 손문이 쓴 친필로 편액으로 남겨진 것만 32개에 달한다.

기념당 팔각 지붕 정상은 금박으로 입혀졌는데 홍콩에서 수입된 0.92㎏ 무게의 금박 36,166장이 사용되었다.

기념당에 있는 손중산의 동상은 원래 표면만 동을 입힌 시멘트 동상이었으나, 1998년에 동상으로 교체되었다. 중산대학에서 강의하던 모습을 동상으로 제작했으며, 동상 기단 화강암 면에는 손중산이 1924년 4월 12일에 손으로 쓴 건국 마스터 플랜이라 할 수 있는 '건국대강(建國大綱)' 내용이 적혀 있다.

좌석수는 4,700여 석으로 광저우 시에서 있었던 역사적인 사건들이 이곳에서 거행되었다. 1945년 9월, 일본 패망 이후 광저우 주재 일본군 투항식이 이곳에서 열린 바 있으며, 마오쩌둥 탄생 100주년 기념식, 홍군대장정 60주년 기념식, 항일전쟁 및 세계 반파시스트 전쟁승리 50주년 기념식이 개최된 바 있다. 이외에도 매년 손중산을 기념하는 행사도 여전히 개최되고 있다.

≫ 손중산 좌상

자료: 광저우 중산기념당. 김동하 © 2017.

≫ 손중산 초상

자료: 광저우 중산기념당. 김동하 © 2017.

≫ 광저우 중산기념당 내 손중산 동상

자료: 광저우 중산기념당. 김동하 © 2017.

기남대학과 화교 교육

광저우에 위치한 기남대학(暨南大學)은 1906년 청나라 정부가 난징에 설립한 기남학당(暨南學堂)이 그 전신이다. 기남대학의 기(暨) 자는 중국으로 '지'로 발음이 되는데, 그 뜻은 '다다르다. 도달하다'의 의미를 가진 형성문자이다. '기남(暨南)'은 한나라 때 쓰여진 유가의 경전인 상서(尙書)의 '東漸於海, 西被於流沙, 朔南暨, 聲教訖於四海'에서 유래했는데, 이는 '동쪽으로는 큰 바다까지, 서쪽으로는 사막까지, 그 영토는 천하를 뒤덮어, 문화와 계몽을 전 세계(천하)에 보급한다'라는 의미이다. 기남대학 홈페이지에서는 이를 다시 '남양(동남 아시아)으로 중화 문화를 전 세계에 전파하리라'라는 뜻으로 해석하고 있기도 하다.

기남학당은 어찌 보면 아편전쟁(1840~1842)의 산물이기도 하다. 아편전쟁의 패배로 청나라 정부는 그동안 부인해 왔던 화교의 존재를 인정할 수밖에 없었으며, 공식적으로 이민을 허용하여 수많은 계약 노동자들이 해외로 나가게 된다. 이에 따라 해외에 주재하고 있는 화교들에 대한 교육기관의 수요가 생긴 것이다. 1905년 청나라 정부는 해외로 관리를 파견하여 서구의 교육제도를 고찰하게 된다. 동남아에 간 관리들은 현지에 이미 설립되어 운영되고 있던 화교 학교의 선생과 학생들을 만났는데, 이러한 경험을 통해 중국 본토의 화교학교 설립 필요성을 느끼게 된 것이다.

당시 청나라가 파견했던 관리 중 첸쉰(錢恂)와 동훙이(董鴻禕) 두 사람은 인도네시아 자바섬 화교학교를 방문하였고, 1906년 가을에 이곳에서 모국에서 추가로 공부하기를 원하는 화교 60여 명을 데리고 남경으로 귀국하게 된다. 남경에서 이들 학생들은 최초에 각 기존 학당에 분배되어 교육을 받았으나, 각기 다른 중국어 수준 때문에 교육 효과가 없었다. 이에 화교들만을 위한 전문 학당이 필요함을 인지하게 되고, 이 임무가 천바이타오(陳伯陶)와 정홍녠(鄭洪年)에게 주어졌다. 이들은 귀국한 60여 명의 인도네시아 화교 학생들을 임시로 기숙학교였던 남경삼패루실업학당(南京三牌樓實業學堂)에 모아 교육을 시작하였으며, 1907년 5월에 이 학당의 이름을 기남학당으로 정하였다. 이로써 기남학당은 국가가 설립하고, 운영 비용을 조달하는 중국 본토 내 첫 화교 교육기관으로서 등장하게 된다.

1917년에 학교명을 국립기남학교(国立暨南学校)로 변경하였으며, 1921년에는 상과는 상하이로 옮겨서 개교하였다. 같은 해 동남대학은 국립기남학교 상과와 연합하여, 상하이에 상해상과대학을 설립한다. 1922년 3월에는 화교를 포함한 17인으로 구성된 기남학교 이사회가 구성되어 대학의 면모를 갖추게 된다. 1927년 남경에 국민정부가 성립되고 나서, 기남학교는 '국립기남대학'으로 변경되었다. 항일전쟁 시기에는 복건성 건양으로 잠시 이주한 바 있으며, 1946년에는 다시 상하이로 복귀하여 복단대, 교통대 등과 연합대학을 운영한 바도 있다. 1949년 신중국이 성립된 후, 기남대학은 1958년에 지금의 광동성 광저우에 다시 설립되었으며, 이때도 홍콩 및 마카오 화교들의 자금 지원을 받은 바 있다. 기남대학은 이후 지금의 중국 내 중점대학으로써 발전을 거듭해 왔다.

기남대학의 휘장 역시 기남대학을 뜻하는 영문약칭인 JNU를 기반으로 해양으로 나가는 범선의 돛을 형상화하고 있음을 알 수 있다. 돛 안의 한자는 남(南)자이다. 현재까지 기남대학은 160여 국가와 지역에서 온 화교 학생 30여만 명을 교육시켰다. 현재 37개 단과대가 있으며, 62개 전공(과)을 두고 있다. 본과 학부(과)는 89개이다. 박사

≫ 기남대학 정문

자료: 김동하 © 2017.

≫ 오학겸 부총리가 쓴 기남대학 개교 100주년 기념석

주: 오학겸(吳學謙) 전 부총리는 1921년 생으로, 항일 전쟁시기인 1940년대 기남대학 외국어과(外文系)을 졸업했다.

자료: 김동하 © 2017.

학위 과정 15개, 석사학위 과정 37개, 연구기구 10여 개를 설치하고 있다. 전임교원은 2,129명이고, 2017년 3월 말 현재, 재학생은 51,865명으로 이 중 석박사 대학원생이 9865명이다. 이들 중 화교 및 해외 유학생은 모두 11,814명으로 이들은 115개 국가(지역)에서 유학을 와 있다. 2016년 중국 내 한 대학평가 사이트(中国校友会网. www.cuaa.net)에서 평가한 기남대학은 중국 내 700개 주요 대학 중 유명 대학순위에서 58위를 차지한 바 있다.

≫ 기남대학 휘장

주: 현재 기남대학의 교명은 중국 창건 10대 원수로 칭송되는 예젠잉(葉劍英)의 글씨이다. 그는 화교들의 고향이라 불리우는 광동성 메이시엔(梅縣) 출신으로, 1978년 문화대혁명이 끝난 후, 기남대학이 광동성 광저우에 다시 개교할 때, 지금의 교명을 써준 바 있다.
자료: 기남대학 홈페이지(www.jnu.edu.cn 검색일자: 2017. 7).

강문오읍화교화인박물관(江門五邑華僑華人博物館)

오읍(五邑)은 청나라 때부터 광동성 서남 지역에 위치한 5개의 마을을 부르는 속칭이다. 그 주인공은 지리적으로 인접한 학산(鶴山), 개평(開平), 신회(新會), 태산(台山), 은평(恩平) 등 다섯 곳이다. 현재 이들 지역은 강문시(江門)시 관할 구(新會區)로 혹은 현급 시로 아직도 그 지명을 유지하고 있다. 오읍 지역의 면적은 9,503㎢이고, 상주인구는 420만 명 수준이다. 오읍은 조주(潮州), 매주(梅州)와 함께 유명한 화교들의 고향이자, 독특한 화교 문화지역으로 인정받고 있는 곳이다. 전세계에 퍼진 오읍 출신 화교·화인 인구는 430만 명으로 추산되며, 전체 화교인구의 10%가 넘는 수준이다.

19세기 초 대량의 계약 노동자(쿨리)들이 미주 지역(미국 및 캐나다)으로 이민을 간 것이 오읍 화교의 대표적인 해외진출 계기이다. 이들은 무엇보다도 철도 노동자로써 미국 화교 1세대로 자리잡게 되었다. 따라서 전 세계 어느 지역의 화교들보다 빨리 현지 사회에 정착하였으며, 경제적 수준도 상당하였다. 따라서 전 세계에 퍼진 이들 화교들이 고향으로 보내주는 자금으로 이들 오읍 지역에는 독특한 화교 문화가 형성되었으며, 1930년대에 이르러 일부 귀국 화교들은 해외 문물(식당, 양장점, 미장원)을 가지고 들어와, 아직도 서구식 건축물이 개평시 등에 남아 있다.

또한 이들 귀국 화교들이 가지고 온 유산 중 하나는 외래어이다. 표식을 뜻하는 마이터우(麥頭, mark), 맛있다는 표현인 서궈(蛇果, delicious), 제과 타르트 딴다(蛋撻, tart), 구보(骨波, goodball), 웨리구(偉理骨, very good) 같은 외래어가 음차(音借) 방식을 활용하여 만들어진 것이다. 이들 언어는 현재에도 광동어의 한 표현으로 쓰이고 있다.

이러한 오읍 지역 화교 역사문화를 집대성한 것이 강문오읍화교화인 박물관이다. 이 박물관은 2002년 5월에 착공되었으며, 2010년 11월에 개관했다. 면적은 9000㎡이며, 오읍 박물관 답게 3개의 건물(태산관, 은평관, 학산관)로 조성되어 있다. 전체 박물관은 6개의 주제로 구성되어 있으며, 오읍 출신 화교들이 어떻게 해외에 진출했고, 현지에서 어떻게 자리를 잡았으며, 고향의 발전에 어떻게 기여했는지를 각종 유물과 사진 및 영상 자료를 통해서 보여주고 있었다. 전시 유물은 총 39,000여 개에 달한다. 박물관 건립에 해외 화교들과 화교기업(3천 개)들이 60억 홍콩달러를 기부했다. 박물관 1기 건설 투자액은 500만 위안 규모였다. 전세계 오읍 출신 화교들을 대상으로 2004년 하반기부터 박물관에 전시할 유물과 기념품에 대한 모집 작업이 시작되었고, 1차로 7천여 건의 유물과 사진 70여 장, 도서 자료 670권이 모집되었다. 지금까지도 박물관 기부가 계속되어 기념품 및 유물 2만 건, 사진 1천여 장, 도서 자료 2,700권이 기증되었다.

≫ 강문오읍화교화인박물관 전경

자료: 김동하 © 2017.

실제로 장제스 부인인 송메이링(宋美齡)[31]이 미국 화교들을 대상으로 구국 자금을 모금할 때 영수증에 날인용으로 쓰던 반지와, 1910~1940년간 미국 샌프란시코에 도착한 17.5만 명의 오읍 출신 화교들이 미국 이민국 직원 앞에서 입국심사를 받을 때 외워서 대답할 모범 답안을 한자로 적어 놓은 커우공즈(口供紙)도 전시되어 있었다. 이들 화교들은 샌프란시스코 만에 있는 섬인 앤젤 아일랜드(Angel Island)에 수용되어, 장장 7미터에 쓰여진 800여 개 질문과 답을 외어, 이민국 직원들과 마주 앉았다. 이러한 유물들은 다른 화교박물관에서는 볼 수 없는 역사적 가치와 의미를 가지고 있었다.

31 宋美齡(송미령. 1898~2003): 저장성 부호였던 宋嘉澍 3자매 중 막내로 태어났다. 미국 웨슬리대학을 졸업하고 1927년 장제스(蔣介石)와 결혼하였다. 그 후 장제스의 통역으로 대미관계 조정에 수완을 발휘하였다. 국민정부 입법위원·항공위원회 위원·비서장·부녀협회 이사장을 역임하는 등 정치적 역량을 발휘하였다. 1936년 시안 사건 때는 장쉐량(張學良)과 면담 후에 장제스를 석방시키기도 하였고, 항일전쟁 중에는 간호·난민대책 등을 지휘하는 한편, 1942년 미국 각지를 돌며 지원을 호소하였다. 1943년 카이로 회담 때는 장제스를 수행하였다. 1943. 6~1949. 1 기간 중화민국 First Lady였다. 1950년 타이완으로 건너간 후에는 국민당 중앙평의위원 등을 역임하였다. 1975년 장제스 사망 이후에는 10년간 미국에서 살면서 타이완과 미국과의 유대강화에 힘썼다. 1986년 장제스 탄생 100주년기념행사에 참석하기 위하여 귀국 후 타이베이에서 살았다. 1991년 장기요양을 위하여 다시 도미한 후, 2003년 뉴욕에서 사망하였다(자료: 中國網).

≫ 광동성 오읍 위치도

주: 5읍은 학산(鶴山), 개평(開平), 신회(新會), 태산(台山), 은평(恩平) 등 광동성 서남권에 위치한 5곳임.

자료: 구글지도(검색일자: 2017. 8).

신닝철도와 오읍 화교

신닝철도(新寧鐵路)는 중국 광동성 신녕(新寧)과 신회(新會) 지역을 연결하는 전장 133㎞의 철도 노선이다. 오읍 출신 미국 화교인 천이시(陈宜禧. 1844~1929)가 300만 위안을 기부하여 만든 철도이며, 중국 최초로 화교 자본으로 건설·운영된 철도이기도 하다. 천이시는 오읍 중 하나인 태산 출신이며, 1864년에 미국으로 건너가 시애틀 기차역에서 청소원, 철도 건설원으로 근무했다. 1889년에는 미국에 철도회사를 창업하여, 북태평양 철도 노선 일부를 건설하기도 했다. 그는 1904년에 고향으로 귀국하여, 1906년에 자본금 425만 위안(銀圓)을 투입한 신닝철로공사를 설립한 후, 신닝철도 건설에 나서게 된다.

1차로 1909년에 북두(斗山)에서 공익(公益) 구간 51㎞에서 상업 운행을 시작하여, 중국 역사상 두 번째 상업 운영되는 기차 노선의 역사를 시작하게 된다. 이후 천이시는 회사 사장이자, 공정사로 11년 동안의 신닝철도 건설을 지휘하였으며, 1920년에 드디어 두산(斗山)에서 북가(北街)까지 간선과, 태성(台城)에서 백사(白沙)까지 지선을 완공하여, 신닝철도 전노선을 개통하게 된다.

신닝철도는 1909년 6월부터 1939년 2월 14일까지 영업 운영하였으나, 기차 운행에 필요한 부품, 석탄, 설비 등이 모두 수입품이어서 경영 직후부터 철도회사는 적자로 전환되었다. 신닝철도 노선에는 모두 46개 기차역이 있었며, 1932년 한 해 기록을 보면 3,327명의 여객과 352.6톤의 화물을 운송한 것으로 나타나 있다.

천이시는 신닝철도공사 설립시 자본금을 미국, 캐나다 화교들로부터 조달을 받았으며, 모국을 위한 공익사업임을 밝히고, 많은 화교들이 투자하게 되었다. 당시 청나라 정부 역시 외국 자본과 외국 인력이 투입되지 않는다는 것을 확인하고, 신닝철도 건설을 허락했다. 하지만 신닝철도도 청말 중국의 쇠락과 함께 소멸하고 만다. 일본 관동군(關東軍)은 1931년 9월에 '만주사변'[32]을 일으켜 중국 북동부를 점거한 뒤 1932년 3월 1일 '만주국' 성립을 선언하고, 청조의 마지막 황손인 푸이(溥儀)를 황제로 앉혔다. 이후 중국 침략을 본격화하게 된다. 일본군은 1937년부터는 공습을 통해 신닝철도를 파괴하기 시작했다. 이후 홍콩과 인근 해안을 통해 광동성을 침략한 일본군은 1938년 10월에 광저우를 함락하게 된다. 이에 국민당 정부는 일본군에게 유용될 것을 우려하여 신닝철도 파괴를 명령하였고 주요 노선의 레일과 장비, 철도역 시설들의 훼손이 시작되었다. 이로써 신닝철도는 개통 30년 만에 역사에서 사라지게 되었다.

강문오읍화교화인박물관에는 이러한 역사를 가진 신닝철도 전시관을 마련하여, 당시 기차역을 조성해 놓고, 이전 화차와 객차를 복원하여 전시해 놓고 있었다. 신닝철도는 실제로 오읍 지역 경제발전에 지대한 공헌을 했으며, 오읍 화교들의 투자와 지원으로 만들어진 산물임을 강문오읍화교화인박물관에서 확인할 수 있었다.

32 만주사변: 일본정부는 중화민국 동북변방군의 한 부대가 봉천(지금 심양) 서북쪽 부근에서 일본 남만주 철도를 폭파하고 여세를 몰아 일본 수비대를 습격했다고 주장하며, 군대를 동원하여 중국 동북지역 침략을 본격화했다. 1931년 9월 19일, 일본은 도발자인 중화민국을 '응징'하겠다며 군대를 동원하여, 봉천을 점령했다. '만주사변'의 시작이다. 중국정부는 일본과의 직접 대결을 피하고 국제연맹에 이 문제의 해결을 요구했으나 주목을 받지 못했다(자료원: 中國網).

≫ 강문오읍화교화인박물관에 전시된 신닝철도에서 달리던 열차

자료: 강문오읍화교화인박물관. 김동하 © 2017.

≫ 강문오읍화교화인박물관에 전시된 오읍 출신 화교들의 사진

자료: 강문오읍화교화인박물관. 김동하 © 2017.

복건 화교들과 하문화교박물관

복건 출신 화교와 하문화교박물관

앞서 설명한 것처럼 광동성 다음으로 화교를 많이 배출한 곳이 복건성이다. 동남아 9개국(태국, 말레이시아, 싱가포르, 인도네시아, 필리핀, 베트남, 캄보디아, 미얀마, 브루나이)에 분포한 화교 3,050명 중 광동성(50.8%) 다음으로 많은 화교를 배출(복건성. 34.2%)했다. 복건성의 수도는 푸저우이지만, 우리가 찾은 중국 최초의 화교박물관은 바로 하문(샤먼)에 있었다. 하문은 청대 1685년(강희제 24년)에 세관을 개설하여 대외통상에 나섰으며, 이후 동남아로 화교를 배출하는 주요 창구 역할을 하여 왔다.

광동성 출신 화교들이 많은 동남아 주요 국가들과 달리 싱가포르에는 복건 출신 화교들이 특히 많다. 싱가포르 인구 531만 명 중 74.2%가 중국계이다. 모계 언어에 따른 싱가포르 화교를 구분하여 보면, 화교 중 복건어를 쓰는 복건계가 43.4%이고, 객가어를 쓰는 객가인도 8.34%(23만 명)에 달한다.

하문화교박물관을 만든 사람은 바로 이곳 하문 출신 싱가포르 화교인 천지아겅(陳嘉庚. 1874~1961)이다. 하문화교박물관은 1959년 5월 14일 개관했다. 중국 최초로 화교들의 자본과 노력에 의해 만들어진 박물관이기도 하다. 초창기에는 주로 동남아 지역에 분포한 화교 유물, 사진, 문물들을 전시했고, 이외에도 중국 상(商)나라부터 명대에 이르는 문물까지 전시하여 전 세계 각지에 흩어진 화교 자손들을 대상으로 중국 역사와 문화를 가르치는 교육장으로 조성하고자 했다. 개관 당시 전시실 면적은 2,400㎡였으며 전시물은 6,840건에 달했다.

중국 최대 화교박물관인 이곳도 문화대혁명의 혼란을 피해갈 수 없었다. 1965년 9월부터 1978년 8월까지 문을 닫게 된 것이다. 폐관한 지 16년이 지난 1981년 2월에 다시 천지아경과 전 세계 각지 화교들의 기부금으로 재개관하기에 이른다. 이후 여러 번의 증축을 거쳐 현재는 전체 면적 12,000㎡, 전시물 7천여 건으로 확장되었다. 또한 그 후 동남아에 위치한 수많은 화교단체들과 화교 자손들이 반드시 들리는 교육장 역할을 하여 왔다.

2008년 6월에는 국가1급 박물관으로 승격되어 개관 이후 50년 동안 160만명이 찾는 복건성 내 5대 박물관 중 하나로 자리잡았다. 천지아경은 이곳 박물관에 필요한 자금 외에도 본인이 수집하고 소장했던 국보급 유물(청동기, 도자기, 서화, 동전 등)을 기증하여 박물관을 채웠다. 다만 이후 시설 투자 및 전시물 확충이 이루어지지 못해, 2013년에는 국가2급 박물관으로 한 단계 하락하였으며, 이를 보완하기 위해 2016년 6월부터 업그레이드를 위한 재정비에 나서게 된다.[33]

복건상인과 패밀리 비즈니스

절강성의 온주상인은 일찍이 '가족 중심'의 기업에서 시작해서, 나중에는 '주식제 경영 방식'으로 발전시켰다. 이에 반해 복건상인은 가족중심 경영인 '패밀리 비즈니스' 경영방식을 고집하였다. 즉 초창기 복건상인은 가족의 자본과 가족 구성원의 노동력에 의존하여 회사를 창립하였다. 기업의 주식은 유통시키지 않고 가족과 친지, 친구들에게 분배하였으며, 기업 경영자 역시 가족 중 가장 신임 받는 자가 임용되었다. 할아버지가 아버지에게, 또 아들이 그 자리를 물려받는 부자 세습이 이루어졌다.

33 하문화교박물관(http://www.hqbwy.org.cn 검색일자:2017. 7).

≫ 하문화교박물관 내부 전시물

자료: 하문화교박물관. 김동하 © 2017.

≫ 하문화교박물관 전경

자료: 하문화교박물관. 김동하 © 2017.

이런 복건상인의 기업들은 환경 변화에 대한 적응력이 뛰어났다. 즉 기업의 운명은 곧바로 가족의 운명이었기 때문에 치명적인 실수를 할 가능성 있는 결정은 배제되어야 했다. 기업 규모는 당연히 중소기업이었으며, 따라서 제품도 단일화되었고, 반면에 전문성은 높아갔다. 가족 경영법은 기업이 대형화되면 비과학적이 될 가능성이 많아진다. 인재보다는 믿고 맡길 수 있는 가족에게 중요한 직책을 일임하게 되기 때문이다.

대표적인 화상(華商)인 대만 플라스틱 회장 왕융칭은 이렇게 언급한 바 있다. "회사 경영의 성패는 사람의 요인이 크다. 사람의 경험, 관리 지혜, 품행, 마인드, 근면함 등 무형의 자원이 유형의 자원보다 중요하다. 사람에 효과적인 관리를 더한 것이 기업의 생명이다." 즉 왕융칭 회장은 가족 참여 경영법이 가지는 단점을 '가족식 경영'으로 승화하였다. 기업에 들어온 인재들 하나 하나를 중히 여겨 마치 가족처럼 대했으며, 종업원들은 자발적으로 내가 기업이라는 가정의 가족인 것처럼 행동하였다. 현재 동남아시아 각국의 화상(華商)들이 성공 비즈니스를 펼치는 이유 중 하나는 이러한 친화적 기업 경영 문화에 있을 것이다.

1990년대 초 많은 경제학자들은 온주상인들에게 빨리 '가족경제'를 벗어나 대기업을 만들어야 하며, 그렇지 않으면 더 이상의 발전은 기대하기 어렵다는 진단을 내린 바 있다. 그러나 그 후 온주경제는 '가족경제'를 중심으로 승승장구했고, 일부 대기업의 부실에도 온주경제를 버티는 역할을 해 내었다. 전 세계 화교 기업을 상대로 조사한 결과, 성공한 기업 중 90%가 가족기업이었다고 한다. 가족기업, 즉 패밀리 비즈니스는 다음과 같은 장점을 가지고 있다.[34]

34 룽쯔민(2005), 「상경상술」, 팜파스, 337~359쪽.

첫째, 창업이 쉽다. 혈연관계를 바탕으로 자금을 모을 수 있고, 인적 자원의 동원 또한 어렵지 않다. 남방 상인들은 개인기업 창업과 관련된 법률·법규가 완전하지 않을 개혁개방 초기(1980년대) 창업을 하면서 불필요한 분쟁을 피하기 위해 가족기업을 설립했다.

둘째, 일의 진행이 빠르다. 가족기업은 보통 구성원들의 이익이 일치하기 마련이다. 따라서 어떤 사안에 대한 결정과 집행이 빠르게 이루어질 수 있다. 그 결과, 신제품 개발에 걸리는 시간이 신속하다. 일반적으로 새로운 의류를 만드는데 일반 제조공장은 3~5개월이 소요되지만, 절강성의 민영기업은 12일 만에 가능하다.

셋째, 관리비용이 낮다. 가족기업은 경영권과 소유권이 일치하기 때문에 다른 기업에 비해 관리비용이 적게 든다. 이는 가격 경쟁력으로 나타난다.

넷째, 기업간 응집력이 뛰어나다. 1991년부터 EU는 중국산 1회용 라이터에 대해서 반덤핑관세를 부과하기 시작했다. 당시 1회용 라이터는 절강성 영파시, 온주시 등지에 산재한 '가족기업'이 주로 생산했었는데, 중국이 WTO에 가입한 2001년부터 이들 기업이 주축이 되어서 본격적으로 EU에 응소하기 시작했다. 2002년과 2003년에 공식적으로 WTO와 EU에 응소했고, 10여 년이 지난 2012년 11월, 일부 기업에 대해 EU는 반덤핑 소송을 철회하게 된다.[35]

35 新華網(2012. 11. 28).

≫ 화상 가족경영(Family Business)의 장단점

구분	장점	단점
수직 협력	• 조직과 조직구성원의 이해와 목표일치 • 근면성실한 하층부 종업원의 복종 • 원활한 상하관계의 지속	• 조직내 파벌 형성 가능성 • 하층부 종업원의 창의성 및 개성 반영 미흡 • 권한·책임범위 불분명
수평 협력	• 거래비용의 축소 • 인맥 네트워크의 높은 신뢰성 • 인맥 기반하에 융통성 발휘 가능	• 협력범위 확대 제약: 중소기업화 • 불신과 통제: 인력과 자금한계 • 중소규모에 따른 기술발전 한계
통제	• 강한 경영책임 의식 • 경영자에 대한 신뢰 • 관료주의적 통제 시스템 불필요: 비용 절감	• 중립성과 전문성 미흡 • 통제목표 불명확: 목표변경 • 통제 중점분야 불문명: 상호조정 취약
적응성	• 전략적 유연성 • 신속한 대응	• 비합리적인 판단에 따른 위기 가능성 • 조직의 이완과 토론문화 결여

자료: 강영문(2014), 『동남아 화교비즈니스』, 전남대출판부, 193쪽.

천지아겅(陳嘉庚)은 복건출신의 대표적인 화교 상인, 교육가, 사회활동가이다. 청대인 1874년에 복건성 천주부 동안현 집미촌(泉州府 同安縣 集美村)에서 태어났다. 이곳은 지금의 하문시 집미구이다. 그가 태어났을 때 부친은 이미 싱가포르에서 쌀집을 경영하고 있었고, 17세 때 그도 싱가포르로 건너가 장사를 시작했다. 31세 때 파인애플 통조림 공장을 창업했고, 44세때는 고무공장으로 사업을 확대하였다. 50세(1924년)에는 말레이시아와 인도네시아에 10개의 분점을 낼 정도로 사업이 커졌고, 이미 동남아 최대 화교상인 반열에 오르게 된다. 당시 동남아 각국에 분포한 직원수는 3만 명으로, 자산은 1,200만 싱가포르 달러에 달했다. 동남아 화교상인들 사이에서 그는 '고무대왕'으로 불렸다.

≫ 복건 출신 화교, 천지아경

자료: 하문화교박물관. 김동하 © 2017.

≫ 대만 포모사 그룹 창립자 왕융칭

자료: 포모사 그룹 홈페이지 www.fpc.com.tw (2017. 7).

복건상인은 돈을 벌면 항상 고향의 발전에 아낌없이 투자하는 '대상인'으로 유명하다. 천지아경도 예외는 아니었다. 1912년 그의 고향인 집미촌에 집미소학교를 설립했으며, 1917년에는 중고등학교와 사범학교까지 설립했다. 화교 교육에도 나선 그는 싱가포르 남양화교중학을 1918년에 설립했고, 1921년 복건성에 하문대학(厦門大學)을 설립했다. 1937년에 국립으로 전환된 하문대학은 현재 재학생 4만명, 79개 학부(과)가 설치된 중국 중점대학으로 발전해 있다. 우리가 찾은 하문대학에서도 창립자인 천지아경 동상을 마주할 수 있었다.

화교가 세운 대학, 하문대학(厦門大學)

앞서 소개한 기남대학이 정부가 세운 화교 학부라고 한다면, 하문대학은 화교들이 세운 화교 학부로 구분할 수 있다. 1921년에 복건성 출신 싱가포르 화교인 천지아경(陳嘉庚)이 설립했다. 1919년 8월, 천지아경은 당시 유명한 교육자였던 채원배(중화민국 초대 교육부장관, 베이징대 총장), 황염배(교육자) 등을 하문대학 설립 준비위원으로 초빙했다. 당시 북경사범대 총장이던 등췌영(邓萃英)을 초대 총장으로 초빙하였으며, 1921년 4월 6일에 집미학교(集美學校) 건물에서 개교하였다. 사범대와 상학부를 설치하였으며, 1921년 7월에 싱가포르 화교 임문경(林文慶)을 총장으로 초빙한 후, 공학, 신문, 법학, 의약 등 학과를 추가하여 종합대학으로써의 면모를 갖추게 된다.

1937년 7월, 하문대학 설립자 천지아경은 남경에 있던 국민당정부에 하문대학을 국립대학으로 전환시켜 줄 것을 요청하였으며, 정부 승인으로 사립대였던 하문대학은 이후 국립대로 전환되었다. 칭화대 물리학 교수였던 살본동(薩本棟)이 국립하문대학 초대 총장으로 부임하게 된다. 같은 해 9월에 일본군이 하문을 침략하면서 하문대학 역시 정상적으로 수업을 할 수 없는 지경에 이르렀다. 임시로 구랑위에 교사를 마련하고 일본이 패망할 때까지 복건성 창팅(長汀) 등 산악지역으로 옮겨 다니며 대학 체제를 힘들게 유지하였다.

1946년 6월 1일에 하문대학은 다시 원래 위치로 돌아오게 된다. 이때 하문대학 재학생은 1,600여 명 수준이었다. 1952년 중국에서는 정부 주도로 전국 대학 내 단과대를 전문성을 강화할 목적으로 통폐합 하는 조정 작업이 있었는데, 하문대학 역시 산동대학(해양과 편입), 절강대학(기계 관련학과 편입), 남경대학(러시아어 편입), 청화대학(항공과 편입), 동제대학(건축과 편입), 화동정법대학(법학과 편입) 등으로 문리학원만을 남겨 놓고 모두 편입시키게 된다.

1963년 9월에, 하문대학은 복건성 관할에서 중앙정부의 관리를 받는 중점대학으로 승격되었으며, 1981년 12월에는 중국 내 최초로 석사 및 박사 학위 수여 대학 중 하나로 지정된다. 2001년 4월에는 하문 인근 지역은 장주(漳州)에 캠퍼스를 확충하였으며, 2012년에는 중국 중점대학 중 처음으로 말레이시아 쿠알라룸푸르에 분교를 설립했다. 말레이시아 분교는 2015년 가을에 203명의 학생들이 최초로 입학했으며, 중국 유학생들은 물론 말레이시아 및 동남아 화교 학생들도 입학하여 해외 화교 교육기지 역할을 시작하게 된다. 2017년 5월 기준, 하문대학 말레이시아 분교 재학생 수는 1,900여 명으로 늘어났다.

2016년 3월 현재 하문대학에는 6개 계열에 27개 단과대, 76개 전공(과)이 설치되어 있다. 본과에는 인문 계열, 사회과학 계열(경제, MBA 등), 자연 계열(물리, 기계전기, 화공), 공학 계열(건축, 컴퓨터), 의학 계열(의학 및 약학) 등이 설치되어 있다. 전임교원은 2,541명이며, 14개 대학원에는 31개 박사전공과 50개 석사전공 과정을 보유하고 있다.

2017년 3월 기준, 하문대학 재학생은 39,401명으로, 이 중 본과 재학생은 19,782명이며, 석사 연구생 16,390명, 박사 연구생 3,229명이다. 해외 유학생은 1,196명이 있다. 2016년 중국 내 대학평가 사이트(中国校友会网. www.cuaa.net)에서 평가한 하문대학은 중국 내 700개 주요 대학 중 유명 대학순위 23위를 차지한 바 있다. 바닷가를 내려다보고 있는 하문대학 캠퍼스는 뛰어난 풍경으로 매년 수천명의 관광객이 찾는 명소이기도 한데, 대학에서는 1일 캠퍼스 입장 허용 관광객 수를 1천 명으로 제한하고 있기도 하다. 중국의 유명한 현대문학가인 노신(魯迅)은 1926년 9월부터 1927년 1월까지 하문대학 국문과 교수를 역임한 바 있다. 하문대학은 이를 기념하여, 1952년에 캠퍼스 내 노신기념관을 설치하였다. 현재 하문대학이 사용하고 있는 대학교명 글자체는 노신의 서체이기도 하다.

≫ 하문대학 휘장과 교명

厦门大学
XIAMEN UNIVERSITY

자료: 하문대학(www.xmu.edu.cn 검색일자: 2017. 7).

≫ 하문대학 설립자 천지아겅 동상

자료: 김동하 © 2017.

정성공과 화교

후리산 포대와 양무운동

1차 답사팀의 마지막 여정지가 될 하문 후리산 포대(胡里山炮台)에 도착했다. 후리산 포대는 청나라 때인 1894년에 축조가 시작되어 2년만에 완공되었다. 포대의 총면적은 7만㎡이며, 이 중 성곽 및 보루 면적은 1.3만㎡이다. 중국정부는 국가급 문물보호단위로 지정하여 중앙정부 차원에서 관리를 하고 있다. 후리산 포대는 양무운동의 산물이다.

양무운동은 1861년부터 1894년까지 청나라에서 진행된 자강(自强) 운동이다. 양무(洋務)란 외교 교섭에 관한 사무를 뜻하는 말이지만, 당시 청대에서는 서양의 문물과 기술을 받아들인다는 뜻으로 쓰였다. 양무운동은 서양의 문물을 받아들여 군사적 자강과 경제적 부강을 이루려 했던 정치·사회 운동이다. 초기에는 군사력 증강을 위해 군수공업의 육성에 중점을 두고 전개되었지만, 1870년대 이후에는 광공업이나 교육 등 다른 부문까지 근대적 개혁이 확산되었다.

청대 개혁가로 평가되는 증국번(曾國藩) 등의 한인 관료들은 서양의 무기와 군사제도로 청군을 무장시키고, 근대적인 군수 공장을 세우고자 했다. 이들이 주장한 이론은 중체서용(中體西用), 즉 중국의 전통적 가치는 유지한 채, 서양 문물을 활용하고자 했다. 양무운동은 아편전쟁 등으로 19세기 중엽에 중국이 맞이한 위기가 배경이었다. 1860년대 초부터 상하이 강남제조총국, 난징 금릉기기국과 같은 서양식 총포, 탄약, 선박을 제조하는 군수공장들이 만들어져 1894년까지 전국에 모두 24개의 공장이 세워졌다. 하지만 양무운동은 중국 내부와 외부의 장애에 부닥쳐 제한된 성과를 거두는 데 그쳤다.

후리산 포대는 1894년 3월에 축조가 시작되어 1896년 11월에 완공되었다. 포대는 화강암 위에 건조되었으며, 4면이 바다인 섬 하문의 지리적 이점을 충분히 활용했다. 후리산 포대를 구성하는 주포는 독일 크루프 병기창에서 구매하였다. 크루프(Krupp)는 400년 넘게 철강 생산과 군수품, 병기 제조로 유명했던 크루프 가문이 19세기 창업한 기업이다. 1999년에는 티센과 합병하여 티센크루프(ThyssenKrupp)라는 독일 최대 철강사가 탄생했다. 우리나라에서는 티센크루프 엘리베이터사로 유명한 회사이다.

청나라는 크루프 병기창으로부터 280㎜ 대포(무게 50톤. 포신 13.9m)를 구매하였으며 이 대포는 아직까지 보존되어 후리산 포대의 랜드마크 역할을 하고 있다. 이 대포의 유효사거리는 16㎞였고, 최대 사거리는 19.7㎞였다. 당시 청대가 이 대포를 구매하기 위해 지불한 금

≫ 하문 후리산 포대

자료: 김동하 © 2017.

액은 백은(白銀) 10만 냥이었는데, 이는 지금 가치로 환산하면 약 2천 만 위안(한화 34억원)에 달했다. 후리산 포대에는 동쪽과 서쪽에 각각 포진지를 구성했었는데, 이 중 서쪽 진지에는 150㎜ 포(1881년 독일 제조)가 위치했으나, 1958년 중국의 '대약진운동' 당시에 소형 고로에 넣을 고철덩어리로 징발되는 바람에 서쪽 진지 포는 훼손되었다.

후리산 포대가 조성된 배경은 다음과 같다. 1841년 아편전쟁 당시 하문도는 영국군에게 함락되었다. 그 과정에서 지금의 후리산 포대에 위치해 있던 하문항의 방어용 성벽과 진지가 훼손되게 된다. 하지만 하문과 하문항은 화교의 발생지 일뿐만 아니라 복건성에서 동남아로 진출하는 해상무역의 교두보였으며, 이에 따라 후리산 포대의 지리적 위치는 어느 곳보다 중요했다. 결국 청나라 조정은 1874년에 양무운동의 본격 시작으로 서양식 최신 포대 설비를 갖출 후리산 포대를 조성하기로 결정하였으나, 당시 30만 냥 백은이 소요될 것으로 예상되었던 막대한 예산 조달을 해결하지 못해 계속 지체되었다. 결국 최초 축성 계획을 마련한 지 20년이 지난 1894년에 이르러서야 축조를 시작하게 된 것이다. 하지만 머지않아 1911년 신해혁명으로 중국의 마지막 봉건왕조인 청나라의 몰락과 함께 후리산 포대도 그 군사적 역할을 멈출 수밖에 없었다. 1937년 9월 3일, 중일전쟁 당시 일본 전함에 포격을 가한 것이 후리산 포대의 마지막 임무였다. 우리가 방문했을 때 후리산 포대 정상에는 당시 청나라 포병의 훈련과 발포 장면을 재현한 공연이 펼쳐지고 있었다.

화교의 수호신, 정성공

하문의 대표적인 관광지인 구랑위(鼓浪屿) 끝에는 거대한 정성공(鄭成功) 석상이 설치되어 타이완 쪽을 바라보고 있다. 면적 1.91㎢ 규모의 섬인 구랑위는 1908년에 한 때 조계(租界)가 설치되어 미국, 영국 등 교회 건물이 지어졌다. 이후 포르투갈, 일본까지 가세하여 지금은 이국적인 건축물이 남아 관광지 역할을 하고 있다. 송대부터 사람이 거주하였으며, 명대 정성공이 1646년에 이곳에서 수군을 훈련시키고 1661년에 출병하여 대만을 수복한 바 있다. 2017년 7월, 구랑위는 이러한 역사적 의미를 인정받아 중국의 52번째 유네스코 세계 문화유산으로 등록되었다.

정성공(1624~1662)은 명나라 장수이자, 네덜란드가 지배했던 타이완을 수복한 중국의 민족영웅으로 호칭되는 인물이다. 또한 정성공 자신이 화교이며, 중국인의 동남아 진출에 큰 영향을 끼치기도 하였다. 그는 일본 히라도시(平戶市. 나가사키현)에서 한족인 아버지(정지룡. 복건 남안)와 일본인 어머니 사이에서 태어났으며, 아버지는 무역에 종사하였다. 1644년 명나라가 망하자, 그는 아버지와 달리 투항을 거부하고 청나라에 대항하기로 결심한다. 그는 아버지의 해상권을 이어받아 진먼과 샤먼 두 섬을 근거지로 무역을 하여 군비를 충당했고, 1658년 7월에는 청조 남경에 대대적인 반격을 시도했으나, 청군에 패하여 네덜란드가 점령하고 있던 타이완을 수복하고자 했다. 1661년 3월, 40년간 타이완을 지배했던 네덜란드 식민정부를 축출하고 타이완에서 다시 청나라에게 항거할 기지를 마련했으나, 바로 다음 해인 39세를 일기로 사망하게 된다. 타이완은 다시 청나라에게 수복되었으나, 청대는 외세(네덜란드)를 물리친 영웅으로 대접하였다.

문헌에 따르면 정성공은 중일 무역에 치중했던 부친과 달리, 동남아(캄보디아, 태국, 인도네시아, 베트남, 말레이시아, 필리핀 등) 각국과 해상무역을 활발히 벌여 화교의 진출에 기여했다. 특히 명나라 장수이던 정성공은 그의 선단에 무장 함선을 대동시켜 안전한 해상무역을 보장함으로써, 화교의 동남아 진출에 박차를 가한 것이다. 1644년 청나라 군인들이 그의 활동 권역이었던 복건성에 침입하자, 그는 명나라 왕족, 귀족들을 모두 배에 태워 동남아로 이주시켰다. 이들이 동남아 1대 화교가 되었음은 우리가 방문한 하문박물관에서 유물들로 확인할 수 있었다.

정성공은 이러한 연유로 동남아에 주재한 화교들을 중요한 자원으로 여기고 있었다. 필리핀에서는 1603년과 1639년에 당시 식민 지배자였던 스페인 통치자들의 대학살 사건으로 5만여 명의 화교가 희생 당했다. 타이완을 수복한 정성공은 1662년에 필리핀 주재 스페인 총독에게 국서를 보내서 화교에 대한 학살을 중지할 것을 요청하게 된다. 이는 당시 희생된 화교들 대부분이 복건성 출신이였음에도 기인한다. 하지만 화교에 대한 탄압은 그치지 않았고, 정성공은 이를 무력으로 해결하려고 비밀리에 필리핀 화교들과 연락까지 취했으나, 그해 세상을 떠나게 된 것이다. 이러한 역사적 배경으로 복건성 및 타이완 출신 화교들은 정성공을 화교의 수호신으로 여기고 사당을 짓고 초상화를 걸어서 기념하고 있다.

하문시 구랑위에 있는 정성공기념관은 1962년 2월 1일에 개관하였는데, 이 해는 정성공의 타이완 수복 300주년이기도 했다. 정성공기념관은 정성공이 태어난 일본 히라도시에도 있는데 2015년에 증축하여, 중국 및 타이완 관광객들을 맞이하고 있다고 한다.

≫ 하문박물관에 있는 정성공 동상

자료: 하문박물관. 김동하 © 2017.

≫ 하문 구랑위에 있는 정성공 석상

자료: 김동하 © 2017.

또 다른 화교의 주류, 객가인

객가인(客家人)은 '타향에 사는 사람들'이라는 뜻으로, 한족의 지계이며, 세계 전역에 8천만 명 정도가 살고 있다. 타이완 인구 12%가 객가인이고, 동남아에 거주하는 화교 일부분도 객가인이다. 객가인의 조상은 본래 중원지역의 한족이었다. 당나라 말엽과 송대에 가뭄과 전쟁을 피해 많은 사람들이 고향을 등지고 타지로 이주를 하게 되었는데, 5차례의 이주를 거쳐 이 때 객가인들도 강서성, 복건성과 광동성이 교차하는 지역에 거주지를 마련하게 된다.

현재는 광동, 복건 등 중국남부를 비롯해 인도네시아, 말레이시아, 필리핀, 싱가포르, 태국 등 80여 개 국가에 산다. 언어는 고유어인 객가어를 사용한다. 머리가 좋고 부지런해서 경제에 강하고 관료 출신도 많다. 태평천국의 창시자인 홍수전을 비롯해 손문, 등소평, 싱가포르 前총리 리콴유(李光耀) 등도 객가인이다.

객가인은 교육을 중시하여 문풍(文風)이 흥성했다. 이들의 선조는 중원의 사인 집단으로 높은 문화적 소양을 지니고 있었기 때문이다. 따라서 객가인은 돈을 벌면 사원을 세워 후학을 양성했다. 객가인의 특성중 하나는 종족과 고향 관념이 강하다는 점이다. 복건성에 아직도 남아 있는 객가인의 거주지인 토루(土樓)는 2008년에 유네스코 세계 문화유산에 등재되었으며 외관이 웅대하여 성벽같이 보이기도 하는데, 이는 객가인의 관념을 보여준다.

이미 해외로 많이 진출해서 각 지역 내에서 일정한 경제권을 형성한 객가인들은 매년 세계객가대회(世界客屬懇親大會)를 열어 전통을 계승하고, 그들만의 비즈니스 기회를 포착하고 있다. 1971년 홍콩에서 세계객가대회를 개최한 이후, 타이베이, L.A. 및 샌프란시코, 도쿄,

방콕, 말레이시아, 싱가포르, 자카르타 등에서 개최하였다. 1994년 12월에는 처음으로 객가인의 고향 중 한 곳인 광동성 메이저우시(梅州)에서 제12회 대회가 개최되었는데 이를 계기로 이후에는 중국 각지에서 세계객가대회가 여러 차례 치루어졌다. 복건 룽옌, 하남 정저우, 강서 간저우, 사천 청두, 섬서 시안과 카이펑, 광동 허위안, 광서 베이하이, 복건 산밍 등에서 개최된 바 있다. 제29회 대회는 2017년 10월 13일, 홍콩에서 개최될 예정이다.

≫ 제24회 세계객가대회 폐막식(광서 북해, 2011. 12)

자료: 제26회 세계객가대회 공식 사이트(www.hakka26id.com 2014. 7).

≫ 역대 세계객가대회 개최 현황

회차	일시	장소	회차	일시	장소
1	1971.9	홍콩	16	2000.11	중국 복건 롱옌
2	1973.10	대만 타이베이	17	2002.11	인도네시아 자카르타
3	1976.10	대만 타이베이	18	2003.10	중국 하남 정저우
4	1978.9	미국 샌프란시스코	19	2004.11	중국 강서 간저우
5	1980.10	일본 도쿄, 오사카	20	2005.10	중국 사천 청두
6	1982.9	태국 방콕	21	2006.10	대만 타이베이
7	1984.10	대만 타이베이	22	2008.10	중국 섬서 시안
8	1986.5	모리셔스 포트루이스	23	2010.11	중국 광동 허위안
9	1988.10	미국 샌프란시스코	24	2011.11	중국 광서 베이하이
10	1990.6	말레이시아 코타키나발루	25	2012.11	중국 복건 산밍
11	1992.10	대만 가오슝	26	2013.9	인도네시아 자카르타
12	1994.12	중국 광동 메이저우	27	2014.10	중국 하남 카이펑
13	1996.11	싱가포르	28	2015.10	대만 신주
14	1998.10	대만	29	2017.10	홍콩
15	1999.11	말레이시아 쿠알라룸푸르			

자료: 제26회 세계객가대회 공식 사이트(www.hakka26id.com 2014. 7).

객가인들의 결속력은 그들만의 언어인 '객가어'에서 나온다. 중국의 방언은 '객가어'를 포함하여 크게 9가지로 분류된다. 먼저 관화방언(官話方言)으로 북경어이며, 현재 중국 표준어인 만다린(Mandalin)이다. 관화 중에는 중원관화(中原官話) 혹은 하남방언(河南方言)도 있다. 현재 하남성 지역인 중원 지역을 중심으로 한 고대 표준어이다. 세 번째로는 사천지방을 중심으로 쓰이는 사천어(川語), 네 번째로는 절강 지역을 중심으로 한 오방언(吳方言, 蘇州話)이 있다. 다섯 번째로는 공방언(贛方言)이 있는데 이는 강서지역을 중심으로 한 방언으로 남창어(南昌話)라고도 한다.

여섯 번째는 상방언(湘方言)이며 호남성 지역을 중심으로 한 방언이며 호남어(湘鄉話)라고도 한다. 일곱 번째는 민방언(閩方言)으로 복건성을 중심으로 한 방언인데, 민북화(閩北話) 민동화(閩東話) 민중화(閩中話) 민남화(閩南話) 등 복건성 내 각기 다른 지역별 방언으로도 구분된다. 대만 사람들이 쓰는 방언이 민남화이다. 여덟 번째는 월방언(粵方言)으로 광동 지역을 중심으로 한 광주화(廣州話. Cantonese)이다. 홍콩인들이 쓰는 캔토니즈가 바로 광주화이다. 마지막으로 객가어는 지역으로는 복건성 장정(福建長汀), 광동 매현(廣東梅縣)에서 쓰이는 언어이며, 객가인(客家人)들의 언어이다.

광동어, 복건어(민남어) 등 지역을 중심으로 규정되는 다른 방언들과는 달리 객가어는 집단에 의해 규정되는 방언이다. 그 이유는 객가인들이 중국 여러 곳에 흩어져 있기 때문이다. 강서성 남부와 광동 동부에서 객가어 통용 비율이 크며, 타이완 인구(2,300만명) 중 12%인 276만 명이 객가인이다. 이런 연유로 타이베이 지하철 안내방송도 표준중국어, 민남어, 객가어, 영어로 하고 있다. 2003년 7월에는 세계 최초의 객가어 방송국인 객가TV도 타이완에서 개국한 바 있다.

≫ 대만 객가TV 뉴스 캡처 화면

자료: 타이완 객가TV(www.hakkatv.org.tw 검색일자:2017. 9. 12).

쿨리(Coolie)

19세기 중엽 서부지역의 금광 발견, 동서 횡단철도 건설 등으로 미국은 대규모 노동력이 필요해졌다. 이에 따라 홍콩, 광동 등지에서 대규모 중국 노동력을 모집했는데 이들이 미국 내 화교 1세대이다. 1873년 당시 미국 거주 화교수는 13만 5천 명에 달했다. 1870년 이후 미국 정부는 노동계의 건의에 따라 화교 유입을 엄격하게 통제하였으며, 1943년부터 소수에 한해 이민을 허용하였다. 1965년부터는 국가당 이민 할당량을 2만 명으로 확대하여 다시 미국 내 중국 화교 유입이 시작되었다.

1982년부터는 중국정부가 이민을 허용했고, 미국정부는 홍콩 출신 이민 할당량을 5천 명으로 확대하여 다시 중국인 이민자 숫자가 증가하게 된다. 1998년 통계에 따르면 미국 거주의 화교 인구는 273만 명으로 미국 전체인구의 1% 수준이다. 지역별로는 L.A.에 80만 명, 뉴욕 인근 지역에 83만 명, 휴스턴에 15만 명이 거주한 것으로 나타났다. 19세기에 미국에 건너간 화교 1세대와 그들의 자손들은 완전히 미국사회에 동화되어 주로 동부지역에 거주하며 전문직으로써 안정적인 직업을 가지고 보수적인 정치성향을 띠게 되었다. 그러나 1970년대 이후 미국으로 이주한 화교들은 서부권, L.A.지역, 샌프란시스코 등 지역에 차이나타운을 형성하여 거주하며, 자영업 비율이 높은 편이다. 대만화교사무위원회에 따르면 2011년 미국 거주 화교인구는 416만 명으로 늘어났다.

쿨리(苦力, Coolie 또는 cooli, cooly)는 19세기에서 20세기 초까지의 중국, 인도 사람을 중심으로 하는 아시아계 외국인, 이민자들을 일컫는 말로 정규적인 일자리가 없는 단순 노동자였다. 주로 영국의 식민지, 미국, 캐나다, 오스트레일리아, 뉴질랜드, 페루, 남아공, 말레이시아, 하와이, 피지, 모리셔스, 서인도 제도, 홍콩, 싱가포르 등지에서 저임금으로 가혹한 노동을 강요당했다. 쿨리라는 말은 힌디어의 쿨리에서 비롯되었고, 포르투갈인들도 '인도에서 고용한 인부'들을 쿨리(cule)라고 불렀다. 중국어에서는 '고된 노동'을 뜻하는 쿨리(苦力, 쿠리)라는 만주어로 음차되었으며, 광동어에서는 '노예'를 의미하는 '구레이'(咕喱)로 사용되었다.

노예제도가 폐지된 후, 유럽국가의 많은 식민지와 미국에서 노동력이 부족했다. 영국의 식민지였던 인도 대륙의 빈민층과 아편전쟁(1840~1842) 후, 광둥성, 푸젠성 두 성을 중심으로 산터우, 샤먼, 마카오 등지에서 저임금의 노동력을 가진 쿨리가 세계 각지에 보내졌다. 처음에는 '인도 노동자'를 가리키는 호칭이었지만, 나중에 중국인 노동자들에게 더 많이 사용되었다.

미국에서 쿨리는 대륙횡단철도 건설 노동자 등으로 고용되었고, 중국에서 캘리포니아로 10만 명 이상이 보내졌다. 호주와 말레이시아, 마다가스카르 등에도 각각 10만 명 정도가 이주했다. 공식적인 해외이주는 베이징 조약(1860년) 체결 이후가 되었지만, 그 이전에도 중국에서 쿨리 수출은 이루어지고 있었다. 그 배경에는 중국의 인구 증가, 태평천국 이후의 사회적, 시대적 불안이 있었다. 중국이 공산화되면서 쇄국 정책이 채택되고, 쿨리 무역은 종결되었다.[36]

36 梁碧莹(1985), 美国与中国的'苦力'贸易—兼论十九世纪中国旅美'苦力'华工, 「中山大学学报(哲学社会科学版)」 1985年1期.

≫ 페루 사탕수수 농장에서 발목에 쇠고리를 차고 일하는 쿨리

자료: 강문화교화인박물관. 김동하 © 2017.

≫ 19세기 태평양을 건너 미주로 향하는 선상의 쿨리

자료: 강문화교화인박물관. 김동하 © 2017.

화공(華工)

앞서 설명한 쿨리를 중국에서는 화공(華工)이라고 불렀다. 하지만 그보다는 속칭인 주자이(猪仔)라고 불렀는데, 원래 주자이는 새끼 돼지라는 의미가 있다. 즉 '화공'으로 모집되어서 열악한 환경에서 일하거나 숙식하는 모습을 비유한 비속어인 셈이다. '화공'이 주자이로 불리게 된 두 번째 이유는 불평등한 계약에 의해서 팔려가는 '화공'이나 시장에서 팔려가는 '새끼 돼지(주자이)'나 처지가 같다고 해서이다. 두 가지 이유 모두 18세기와 19세기에 '화공'이 가져야만 했던 비참한 운명을 대변한다.

실제 우리가 방문한 4대 화교박물관들 모두 화공의 역사, 배경, 국가별 특징 등을 일목요연하게 전시하고 있었다. 이처럼 '화공'은 중국 화교 역사의 중요한 부분이었다.

청대 화공이 해외로 진출하는 방법은 크게 두 가지 유형이 있었는데, 그중 하나는 아편전쟁(1840~1842) 이전 자원해서 해외 송출 근로자 계약을 하고 나가는 방법이었다. 이 시기 화공들의 대부분 행선지는 동남아 지역이었다. 두 번째 유형은 아편전쟁 이후 청말기까지로 이 시기에는 서구 열강들이 중국에 대한 침략을 노골화한 시기이다. 따라서 이 시기 '화공'들은 반강제적으로 계약을 강요받고, 서구 열강들이 운영하던 식민지 지역으로 송출되었다. 행선지는 전 세계 각지였는데, 중국 반대편인 남미의 페루, 쿠바까지 화공들이 진출했다. 19세기 말에 이르러 동남아로 송출된 화공들은 700만 명으로 추산되며, 이 시기에는 화공들 거의 대부분이 복건성 출신이었다. 19세기 초반 광동성, 복건성 지역에는 태평천국의 난 등으로 혼란한 청조 말기 정세에 따라 파산한 농민들이 넘쳐 났다. 이에 집과 토지를 모두

잃은 농민들이 자의반 타의반으로 화공으로 길로 내몰리게 된 것이다. 특히 이들은 화공 계약시 미리 돈을 빌려 가족들의 빚을 상환한 후 해외로 나가게 된 '채무 화공(欠債華工)'으로, 현지에서는 정당한 임금도 받지 못한 채 발에 쇠고랑을 차고 일을 해야하는 노예 이하의 비참한 대우를 감수해야만 했다.

이 시기에 이미 18세기부터 동남아 지역에 진출한 같은 고향 출신 화교들과의 네트워크도 작용하였으며, 동남아 지역이 광동성과 육로로 연결되어 언제든지 상황이 좋아지면 고향에 돌아올 수 있다는 안도감도 작용했다. 실제 동남아 각국과 복건성, 광동성과는 해상 무역이 활발하게 진행되어 화공으로 송출되었다가 무역선에 몸을 실고 귀국한 사례도 있었다.

기록에 따르면 17세기 말과 18세기 초에는 인도네시아 자바섬으로 송출되는 화공이 가장 많았다. 약 5만 명의 화공이 자바섬에 있었다는 기록이 있다. 1710년 인도네시아 자카르타에는 10만 명의 중국인이 있었으며, 이들 중 대부분은 화공이었다. 이들은 훨씬 이전에 인도네시아에서 자리 잡고 있던 화교와 비교하여 신객(新客)이라고 불렸다.

18세기 말에서 19세기 초에 영국은 말레이시아로 식민지 경영을 확장 했는데 필요한 노동력은 화공으로 조달했다. 이 지역 말라카 반도 각지에 화공 수만 명이 체류하고 있었다. 또 다른 통계를 보면 1800년부터 1914년까지 말레이시아 연방(싱가포르 포함)에 유입된 화공은 800만 명에 달했다. 이 중 '채무 화공'이 80% 수준이었다. 특히 인도네시아 수마트라 섬에 화공들이 많이 유입되었다. 1914년 말레이시아 연방정부는 화공의 유입을 금지시켰다. 1877년에 영국은 싱가포르에 화민정무공사를 설립하여 화공 송출 업무를 전담하게 했다. 1888년부터 1931년까지 화민정무공사가 수입한 화공은 60여만 명에 달했다. 화공들은 열악한 노동 환경에 적응을 하지 못하고 희생되었는데, 인도네시아 수마트라 섬 화공들의 연평균 사망률은 50%에 달했다는 기록이 있다. 이들은 20세기 초에도 20%의 높은 사망률을 기록했다. 동남아 각지에서의 황무지 개간, 광산 개발 등에서 화공들의 희생이 잇따랐다.

1838년 영국은 보유하고 있던 각 식민지에서의 노예 제도를 폐지했다. 당시 식민지 농장에 있던 흑인 노예들은 모두 탈출했고, 노동력 부족에 직면하게 된다. 이 시기에 페루와 쿠바 역시 미국과 영국이 대규모 투자를 진행하여 개발 사업을 확장하고 있었다. 역시 개발과 동시에 노동력 부족에 직면하게 된다. 1846년 복건성 샤먼에 영사관을 개설하고 있던 포르투갈, 스페인, 네덜란드는 대리상을 두고 '채무 화공'을 모집하여 송출하게 된다. 당시 쿠바에 있던 흑인 노예들은 가격이 1천 위안에 달했으나, '채무 화공'은 400위안에 불과했다. 이러한 경제적 이유로 대규모 '채무 화공'의 송출이 진행되었다. 이들은 쿠바, 페루, 스페인으로 송출되었다.

이 시기 동남아에서 남미까지는 배로 3개월 혹은 반년이 걸렸다. 열악한 수송선의 환경 때문에 쿠바에 도착한 화공들의 사망률이 45%에 달한 것은 너무나 당연해 보인다. 1847년에서 1872년간 이러한 '채무 화공' 운반선에서 선상 반란이 일어난 것은 52회라는 기록이 남아 있으며, 이들 중 일부는 배를 침몰시켜 모두 사망하기도 하였다. 1845년부터 1875년까지 남미에 도달한 화공은 50만 명 이상이었으며, 이 중 쿠바에 14.3만 명, 페루에 12만 명이 유입되었다. 당시 쿠바와 페루는 스페인의 식민지였다.

≫ 미국 동서 횡단철도 건설 당시 동원된 화공의 유물과 사진들

자료: 광동화교박물관. 김동하 © 2017.

객가인의 수도, 메이저우(梅州)

중국객가박물관(中國客家博物館)은 광동성 메이저우(梅州)시에 자리 잡고 있다. 객가박물관이 왜 메이저우에 자리잡고 있는지 알기 위해서는 메이저우 위치를 볼 필요가 있다. 메이저우는 광동성 동단 내륙 지역에 위치하며, 특히 복건성, 강서성과의 교차 지역에 위치한다. 메이저우시의 면적은 15,876㎢이고, 2개의 직할구, 1개 직할시, 5개 현을 두고 있으며, 인구는 551만 명 수준이다. 중국 내 유명한 '화교의 고향' 중 하나이며, 메이저우 출신 해외 화교 수는 700만 명으로 추산된다. 특히 홍콩, 마카오 주민들 대부분의 고향이 바로 메이저우이다. 메이저우 출신 화교 중 우리에게 가장 유명한 인물은 싱가포르 국부로 칭송되는 리콴유 전 총리이다. 리콴유 전 총리의 조부가 메이저우 출신이며, 리콴유는 가장 유명한 객가인 중 한 명이기도 하다.

1949년에 성립된 신중국 이후 가장 유명한 메이저우 출신 인사는 바로 중국 창건 10대 원수로 칭송되는 예젠잉(葉劍英. 1897~1986) 원수이다. 메이저우시 중심에는 1986년에 조성된 젠잉(劍英)공원이 있는데, 공원 안에는 예젠잉 동상이 있어서 이곳에서의 그의 위상을 짐작할 수 있었다.[37]

37 예젠잉(葉劍英): 1927년 중국공산당에 입당하였다. 장제스의 반공 쿠데타에 대항하였고, 홍콩을 거쳐 독일과 소련에 유학하였다. 1931년 귀국하여 장시 소비에트구에 들어가 홍군 제1방면군 참모장, 홍군학교 교장을 역임했다. 1949년 신중국 성립 후에는 베이징구 군사관제위원회 주임, 베이징시장, 광둥 군구사령관, 광저우시장 등을 역임하였다. 문화대혁명 후에도 공산당 중앙위원, 당 정치국 위원, 전국인민대표대회 상임위원회 위원, 국방위원회 부주석 등 요직에 있었다. 린뱌오가 실각한 후에는 군의 제1인자가 되었고, 1978년 제5차 전국인민대표대회에서는 위원장에 선출되었다. 1982년 당 정치국 상무위원, 1983년 국가중앙군사위원회 부주석을 지냈으며, 1985년 정치일선에서 물러났다(자료: 中國網).

메이저우의 다른 별칭은 '전 세계 객가인의 수도(世界客都)'이다. 대만에 거주하는 객가인이 500만 명으로 추산되는데 이 중 180만 명의 본적이 바로 메이저우 이다. 바로 메이저우는 객가인들이 밀집해서 사는 지역인 것이다. 2017년 7월, 2차 답사 때 메이저우를 방문했는데 1700년 전부터 존재했던 언어인 객가어를 메이저우 시내 도처에서 들을 수 있었다.

객가(客家)는 영어로 Hakka로 표기한다. 객가인은 중국 민족의 92% 점유하고 있는 한족(漢族)의 한 분파이다. 이들이 별도의 민족으로 인정받는 여러 이유 중 하나는 '객가화'라는 자신들 만의 언어와 독특한 객가 문화를 1,700여 년 넘게 유지하고 있기 때문일 것이다. 객가인들은 원래 중국의 중원에 해당하는 황하유역인 지금의 하남성 지역에서 거주하고 있었다. 서기 300년 서진(西晉)이 멸망하고, 사회가 혼란하게 되자 지금의 호북, 안휘, 강소 지역으로 남하하게 된다. 이것이 객가인들의 1차 이주이다.

당대인 755년 '안사의 난'[38]이 일어나서 다시 중원이 전란에 휩싸이게 된다. 이때 객가인들은 다시 남쪽으로 이주(2차 이주)를 결정하게 되는데, 이 시기에 강서성 남쪽, 복건성 서쪽, 광동성 동북 지역으

38 안사의 난(安史之亂): 755~763년 당나라 현종(玄宗) 때 안녹산과 사사명이 일으킨 반란이다. 당나라 현종 때 최고의 중화문명을 구가하였으나 내부적으로는 법치 시스템(율령제, 균전제, 부병제)이 와해되고 있었다. 이에 왕조 기반이던 소농민층이 붕괴되기 시작했으며, 양귀비 일족인 재상 양국충(楊國忠) 등이 국정을 장악하는 등 정치·사회불안이 커져갔다. 특히 징병제 와해는 국경을 수비하는 절도사들을 세력화시켜 주었다. 이때 세력자로 등장한 이가 안녹산(安祿山)이다. 안녹산은 동북 국경을 지키는 절도사였는데 755년 양국충이 그를 모반 혐의로 소환하려 하자 반란을 일으켜 756년 장안(長安)을 점령하고 황제가 되었다. 그러나 그는 아들 경서(慶緖)에게 암살되고, 경서는 안녹산의 부장 사사명(史思明)에게 살해되고 사사명 역시 자신의 아들인 조의(朝義)에게 살해되었다. 난은 763년 위구르의 도움을 받은 당군에 의해 진압되었다(자료: 中國網).

로 대거 이주를 했다.

객가인들의 3차 이주는 북송시기 '정강의 난'[39]이 발생한 1126년에 있었다. 북송이 멸망하고 남송이 들어서자 객가인들은 다시 남쪽으로 이주하여, 지금의 광동성 혜주와 메이저우 일대에 주거하게 된다. 객가인들의 4차 이주 역시 한족 나라인 명나라의 멸망과 만주족의 나라였던 청대 등장과 관계가 있다. 한족의 지계였던 객가인들은 명나라를 도와 만주족에 대항했으나, 1644년 명조는 멸망하고 청대가 들어선다. 이후 객가인들은 앞서 소개한 명나라 장수 정성공을 따라서 대만으로 이주하거나, 광동성 동단에 있는 메이저우에서 광동성 서쪽, 북쪽, 남쪽으로 흩어지게 되었다. 이 중 일부는 광서, 호남, 사천 지역에까지로 이주하게 된다. 4차 이주 원인 중 하나는 청대의 객가인 이민 정책에도 있다. 청나라 강희제 연간(1661~1722)에 복건성과 광동성 내 객가인 인구가 급속히 늘어나자 호북, 호남, 광동, 광서 지역의 객가인들을 사천성 지역으로 이주를 시켰다. 이 시기 대량의 객가인들이 내륙 지역인 사천성으로 이주하게 된다. 그 결과 사천성은 현재도 중국 내 5번째로 객가인이 많이 거주하는 지역이 되었다.

객가인들의 다섯 번째 이주는 태평천국의 난(1851~1864) 때문이다. 홍수전이 일으킨 태평천국을 구성하던 주요 민족이 바로 객가인들이었다. 이들은 태평천국의 난이 진압된 후, 해남도와 광서지역 및 심지어 동남아(베트남 등)로 이주하게 된다.

39 정강의 난(靖康之難): 북송(北宋) 징깅 연긴(靖康: 1126~1127)에 수도 카이펑(開封)이 금(金)나라 군대의 공격을 받아 함락되고 북송이 멸망하게 된 사건이다. 휘종(徽宗)은 금과 동맹하여 요(遼)나라를 협공하여 5대 후진(後晉) 때 빼앗긴 연운(燕雲) 16주를 탈환하려 하다가 도리어 실패하여 군사력의 약체를 드러내었다. 1126년 카이펑은 금나라의 공격을 받았으나 화의 조건을 지키지 않아, 두 번째 공격으로 카이펑이 함락되어 북송이 멸망하게 된다. 1127년 흠종의 아우 강왕(康王)이 즉위하여 남송(南宋)이 성립하였다(자료: 中國網).

이와 같은 5차례의 이주로 인해 객가인은 중국 전역에 분포하게 되었다. 대만을 포함한 중국 내 거주하는 객가인 인구수는 5천만 명에서 5,500만 명으로 추산되는데, 이 중 40%가 광동성 내에 살고 있다. 그 다음으로 객가인이 많이 거주하는 지역은 강서성(1,200만 명)이며, 광서자치구에는 560만 명이, 복건성에는 400만 명이 거주하고 있다. 중국 서부권이자 내륙 지역인 사천성에도 250만 명의 객가인이 거주하고 있는데, 이는 앞서 서술한 명대 멸망과 청대 등장에 따른 4차 이주에 기인한다. 중국객가박물관에 따르면 대만에 거주하는 객가인은 460만 명 규모로 대만 인구(2,300만 명)의 20%에 달하나, 대만 통계에 따르면 대만 인구의 13% 수준(300만 명)이다.

≫ 중국 내 객가인 거주 현황

지역	인구수(만 명)	주요 분포 지역
광동성	2,000~2,200	광동성 인구의 1/4 규모
강서성	1,000~1,200	강서성 남부 및 서북 지역에 거주(修水縣, 銅鼓縣)
복건성	350~400	복건성 서쪽 지역(長汀)
광서자치구	500~560	광서자치구 남쪽 및 동남쪽 현에 거주
사천성	150~250	사천성 수도인 청두 동부지역
호남성	100~200	강서, 광동성과 교차 지역에 거주
절강성	50	절강성 서남쪽에 거주
해남성	30~40	주로 儋州市에 거주
귀주성	10	-
대만	460	대만 통계에서는 300만 명 수준임
홍콩	50~100	-
마카오	10	-
운남, 강소, 안휘, 섬서, 신강	6.8	-
합계	5,000~5,500	

자료: 羅英祥(1994), 『漂洋過海的客家人』, 河南大學出版社.

羅英祥(1994)에 따르면 전 세계에 분포한 객가인 화교는 414만 명으로 이는 전 세계 화교 총인구수의 10%를 점유하는 비중이다. 권역별로 보면 아시아 지역에 전체 객가인 화교의 85%가 거주하고 있으며, 그중에서도 인도네시아(120만 명)와 말레이시아(109만 명)에 거주하고 있는 객가인이 가장 많다.

≫ 세계 객가인 거주 현황

권역	국가	인구수(만 명)	권역	국가	인구수(만 명)
아시아	인도네시아	120	미주	미국	13
	말레이시아	109		캐나다	4.5
	태국	60		쿠바	0.8
	싱가포르	50		페루	15
	필리핀	0.65		브라질	0.2
	베트남	5		자메이카	10
	미얀마	2.7		트리니다드 토바코	0.6
	캄보디아	0.2		파나마	0.4
	인도	2.2		가이아나	0.5
	라오스	0.4		수리남	0.4
				기타 국가 및 지역	0.1630
	한국	0.02		소계	45.563
	일본	1	아프리카	모리셔스	2.5
	브루나이	0.8		레위니옹	1.3
	기타 국가 및 지역	0.495		남아공	1.5
	소계	352.465		기타 국가 및 지역	0.136
유럽	영국	3.6		소계	5.436
	프랑스	1	대양주	호주	1.1
	네덜란드	0.1		뉴질랜드	0.08
	기타 국가 및 지역	0.283		타히티	1.65
	소계	4.983		피지	0.4
합계		414.6		기타 국가 및 지역	0.27
				소계	3.5

자료: 羅英祥(1994), 『漂洋過海的客家人』, 河南大學出版社.

미주 지역을 보면 페루에 15만 명의 객가인이 거주하고 있어, 가장 많은 인구 점유비를 보이고 있다. 이외에도 미국 13만 명, 캐나다에 4.5만 명의 객가인이 있으며, 아프리카에도 5.5만 명의 객가인이 거주하고 있다. 호주를 중심으로 하는 대양주에는 3.5만 명의 객가인이 거주하고 있는 것으로 조사되었다. 유럽에는 영국과 프랑스를 중심으로 약 5만 명의 객가인이 거주하고 있다.

≫ 중국 내 객가인 지역별 분포도

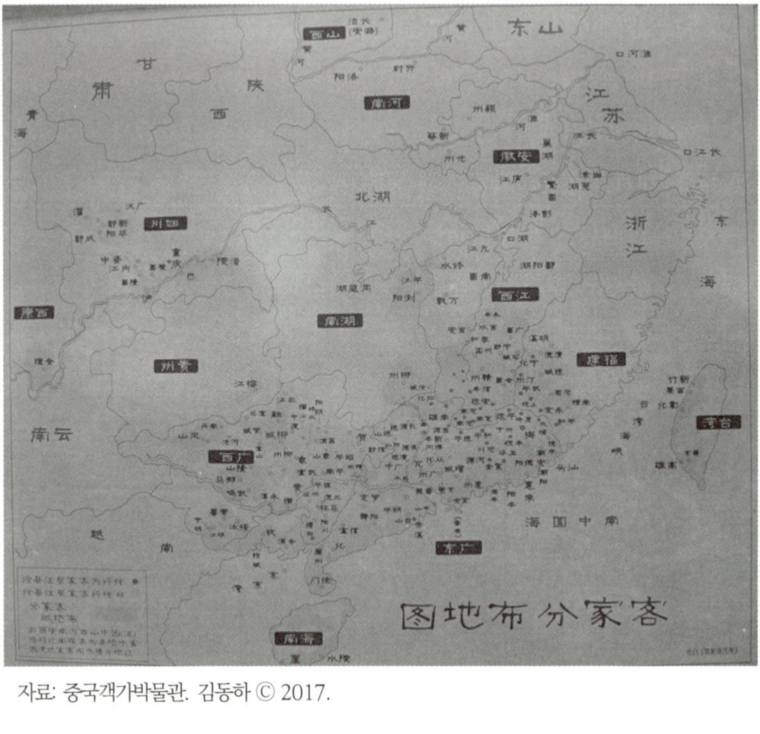

자료: 중국객가박물관. 김동하 © 2017.

≫ 객가인 집단 거주지 모형, 위용옥(圍龍屋)

자료: 중국객가박물관. 김동하 © 2017.

중국객가박물관

중국객가박물관(中國客家博物館)은 앞서 서술한 객가인의 유래, 역사, 전통 문화 등과 관련된 내용을 전시하고 있는 박물관이다. 박물관 면적은 5,984㎡이며, 전체 건축면적은 1.2만㎡로 답사시 다녔던 박물관 중 가장 큰 면적을 자랑하고 있다. 박물관에는 객가인 유래, 객가인 생활 문화, 객가인 거주 특징, 객가인의 교육관, 저명한 객가인 등과 같은 주제로 전람실을 조성해 놓고 있었다. 객가박물관은 2005년 3월에 착공하여 2008년 4월에 개관했다. 총 투자액은 1.7억 위안으로 유물 및 기념품 194건, 문헌자료 100건을 보유하고 있다.

개관후에는 광동성 관할 박물관으로 명칭도 '광동객가박물관'이었으나, 2009년 4월에 중국 국무원은 국가급으로 승격하여, 명칭이 '중국객가박물관'으로 변경되었다. 명실상부하게 중국 내 대표적인 객가박물관임을 인정 받은 것이다. 중국객가박물관 글씨는 예젠잉 아들인 예쉬안핑(葉選平)이 썼다. 예쉬안핑은 광동성장을 역임했고, 중국 최고 정책자문기구인 전국정치협상회의 부주석을 역임한 바 있다.

중국객가박물관은 본관 외에도 6개의 부속 박물관을 같이 보유하고 있다. 먼저 '매주교장관(梅州校長館)'은 메이저우 출신 중국 내 대학 총장 228명의 사진과 스토리(주요 업적, 학문적 성취 등)를 전시해 놓았다. 면적은 1,050㎡이며 1940년대 지어진 사합원식(四合院) 객가인 전통구조 건물이다. 다음으로 '장군관'에는 1911년부터 2007년까지 메이저우 출신 군장성들 475명에 대한 전람관이다. 건축 면적은 1,100㎡이며 1946년에 만들어진 벽돌 나무구조의 전통적인 객가인 건축구조(紅樓)로 조성되어 있다.

이외에도 황준헌 기념관(黃遵憲紀念館. 1848~1905)이 있다. 그는 메이저우 출신 객가인으로 28세 때 청나라 과거에 급제하여 관리가 된다. 이후 미국 샌프란시코 총영사, 주영국 외교관, 싱가포르 총영사 등을 역임한 정치가, 외교가, 교육가, 시인이다. 황준헌 기념관에는 '근대 중국에서 세계로 진출한 최초의 1인'이라는 수식어가 자리잡고 있었다.[40]

≫ 중국객가박물관

자료: 김동하 © 2017.

40 중국객가박물관(http://www.zgkjbwg.com 검색일자: 2017. 7).

메이저우 화교박물관(梅州市華僑博物館)

광동성 메이저우시에는 객가박물관 외에도 화교박물관이 따로 조성되어 있다. 박물관 외관은 객가인의 전통 가옥 형태 중 하나인 토위루(土圍樓) 형태를 하고 있어, 한눈에 객가인과 관계있는 건물임을 알 수 있었다. 1995년 10월에 착공했으며 1999년 10월에 완공된 6층 건물로 면적은 5,000㎡이고, 전체 건축 면적은 11,000㎡ 규모이다. 총 건설 투자액은 2,200만 위안이 소요됐다. 이 중 1,760만 위안(투자액의 80%)은 해외 화교의 기부로 조달되었다. 전시 유물과 기념품 대부분도 해외 화교들이 기증한 것으로 이루어졌는데, 특히 미국 샌프란시스코에 있는 쟈잉 화교동향회에서 기부하였다. 쟈잉(嘉應)은 메이저우의 옛 이름으로 송대부터 쓰인 지명이다. 명·청대까지 행정구역 명칭으로 쓰이던 쟈잉이 메이저우로 변경된 것은 신해혁명이 일어난 1911년에 이르러서이다.

메이저우 화교박물관은 미국실, 캐나다실, 세이셸실, 태국실, 싱가포르실, 말레이시아실, 인도네시아실, 홍콩실, 정시엔쯔 사적실(曾宪梓, 홍콩화교, 객가인, 金利来그룹 회장), 정무빈 사적실(曾沐彬, 인도네시아 화교), 티엔지아빙 사적실(田家炳, 홍콩 화교) 등 12개 주제별 전시실을 마련해 놓고 있다. 8개 지역과 국가 전시실에는 메이저우 출신 객가 화교들의 진출 원인과 역사적 배경 그리고 주요 화교 현황을 설명하고 있다. 또한 정시엔쯔, 정무빈, 티엔지아빙 등 3명의 화교 사업가 사적실의 공통점은 모두 메이저우 출신이라는 점이다. 이들은 메이저우 화교박물관 건설에 각각 100~200만 위안을 기부했다.

박물관 개관 후, 2000년부터 2007년까지는 해외 객가인 화교 자녀들을 위한 여름 및 겨울 캠프를 운영하여, 해외 화교 청소년들의 교육장으로 활용되었다. 2008년에 중국객가박물관이 개관하면서, 일부 전시품들은 이곳으로 이전되었고, 현재는 새로운 운영 방안을 모색 중이다.

≫ 메이저우시 화교박물관

자료: 매주화교박물관. 김동하 © 2017.

메이저우 이민 기념광장(梅州移民紀念廣場)

400만 명이 넘는 메이저우 객가인 출신 화교들은 메이저우 송커우전(松口鎭)에서 배를 타고 바다로 향했다. 즉 송커우전은 메이저우 화교의 출발지인 셈이다. 송커우전은 메이저우 시중심에서 북동쪽으로 40㎞ 지점에 있으며, 여기서 메이저우를 관통했던 매강(梅江)과 남쪽으로 향하는 한강(韓江)이 만나게 된다. 한강은 다시 남쪽으로 120㎞를 흘러 또 다른 화교들의 고향인 차오저우(潮州)와 산터우(汕頭)를 거쳐 태평양으로 향하게 되는 것이다. 송커우전은 이미 1200년의 역사를 가지고 있는데, 명말 청초부터 복건, 광동, 강서 지역에서 화교들이 바다로 나가는 출구 역할을 했다. 송말 원초 시기에 한족을 중심으로 송커우전으로 이주하게 된다. 물론 이들중 대부분은 객가인이었다. 한족이 지배하던 명나라가 망하고, 만주족이 지배 계급인 청나라가 등장하자 송커우전 주민들은 다시 화교가 되어 해외로 나서게 된다. 현재 송커우전 인구는 7.3만 명인데, 송커우전 출신 해외 화교가 8만 명이니 당시 절반이 넘는 인구가 해외로 진출한 셈이었다. 기록에 따르면 매월 300여 대의 배가 왕래하면서, 6천 명의 화교들을 해외로 송출했다.

이런 연유로 송커우전에 메이저우 이민 기념광장이 자리하게 된다. 메이저우 이민 기념광장은 2013년 10월 13일에 UNESCO 주관으로 설립되었다. 이는 중국 최초의 이민 기념광장이다. UN는 전세계에 퍼진 객가인을 700여만 명으로 보고 있고, 그 출발점을 기념하여 이곳에 이민 기념광장을 조성한 것이다. 2004년에 UNESCO는 세계 각지 이민의 역사를 문화인류학적으로 분석하기 위한 프로젝트를 시작했고, 첫 번째 권역을 인도양으로 선정했다. 이후 각 지역에 기념비, 기념물을 세우고 있는데 그 일환으로 송커우전에 기념광장이 설치된 것이다. UNESCO 이민 기념 프로젝트의 첫 번째 지역은 아프리카 동남쪽에 위치한 국가인 마다가스카르(Fort-Dauphin, Madagascar. 2004. 12. 8)였고, 두 번째는 레위니옹(Saint-Paul, Reunion.2005. 12. 16)이었으며, 세 번째는 모잠비크(Mozambique, 2007. 8. 23), 네 번째는 모리셔스(Mauritius, 2009. 2. 1), 다섯 번째는 마요트 섬(Mayotte, 2009. 4. 27), 여섯 번째는 인도의 퐁디쉐리(Pondichery, India, 2010. 1. 23)이었다. 송커우전은 이 프로젝트의 대미를 장식하는 마지막 여정지였다.

메이저우 이민 기념광장 후면에는 '세계 객가 이민 전람관'을 따로 설치하여, 송커우전에서 해외로 나간 객가인들의 여정과 타국에서 창업에 이르는 과정을 사진 자료 등으로 소개하고 있다. 전람관은 지역 및 국가별로 10개 지역으로 구분되어 있는데, 레위니옹, 인도, 마다가스카르, 모잠비크, 코모로 등 국가, 지역관을 설치해 놓고 있다.

레위니옹은 아프리카 마다가스카르 동쪽에 위치하며 인도양에 있는 제주도 1.37배 면적의 화산섬이다. 인근해는 모리셔스(150 해리)가 있다. 1507년에 포르투갈인이 섬을 발견했고, 1649년에 점령하고, The Bourbon으로 명명했다. 1793년에 레위니옹(Reunion Island)으로 개명됐다. 이후 본격적으로 '쿨리'를 중심으로 이민자들이 유입되기 시작한다. 17세기 중반부터 프랑스 동인도 회사가 희망봉을 돌아 인도로 가는 선박들의 중간 기착지를 세우면서 사람이 살기 시작했다. 처음에는 아프리카 노예들을 수입해 커피·설탕 농장에서 일을 시켰으며, 1848년 노예제도가 폐지되면서 인도·중국·아프리카에서 계약 노동자(쿨리)들을 데리고 왔다. 1869년에 수에즈 운하가 개통하여 중계항으로서의 역할은 쇠퇴하였다. 프랑스의 식민지로 있다가

1946년에 프랑스 해외 주가 되었다. 현재 섬 인구는 65만 명이며, 이중 화교 인구는 2.7만 명이다.

화교의 레위니옹 이주는 1844년부터 시작되었다. 1843년에 프랑스 총독이 싱가포르와 말레이시아에서 이미 들어온 화교 259명을 모집하여 섬으로 데려와 개간을 시킨 것이 첫 번째 화교의 유입이라는 주장이 있다. 1846년 레위니옹의 화교 인구는 458명에 불과했으며, 이들은 사탕수수 농장에서 일을 했다. 1875년부터는 광동성 메이저우에서 대규모 이민자가 유입되기 시작했다. 1911년 190명, 1912년 185명 등 이후에는 연평균 200여 명의 중국인들이 꾸준히 유입되었다. 1996년 통계에 따르면 화교 인구는 2.5만 명으로, 이 중 800여 명은 중국 국적을 보유하고 있다.

≫ 광동성 메이저우 송커우전 중국이민기념광장

자료: 김동하 © 2017.

≫ 광동성 메이저우 송커우전 중국이민기념광장, 세계 객가 이민 전람관

자료: 김동하 © 2017.

화상(華商)과 중국경제 발전

화상(華商)은 중국 상인을 의미하며, 차이나 머천트(China Merchant)이다. 19세기부터 해외 특히 동남아 지역으로 진출한 화교들 대부분은 '육체노동자-자영업자-유통업자'와 같은 발전 패턴을 경험했고, 이들은 특유의 근면성실함과 같은 화교들끼리의 단합에서 오는 시너지효과를 향유하며, 현지국가의 상권을 장악하기 시작했다. 상인으로 발전한 화상들은 곧 현지국가의 무역, 유통망에서 영향력을 발휘했고, 이들 중 일부는 본고에서 소개할 글로벌 1,000대 화상기업에 들 정도의 큰 회사를 설립하기도 했다. 바로 이 화상들은 1979년부터 중국이 시작한 개혁개방정책에 적극 참여하여, 1980~2000년간 중국이 두 자리 수의 경제 발전을 구가하는 데 커다란 원동력이 되었다.

중국에서 대규모 이민이 시작되어 본격적으로 화교가 해외로 진출하기 시작한 것은 1644년 명조의 멸망으로 많은 유민들이 동남아시아 지역으로 진출한 17세기 중엽이다. 이후 노동력 수출 차원에서 19세기에 말레이시아, 서인도, 인도네시아 등으로 대규모 중국인들이 이주하였고 이들은 현지국가에 정착하고 뿌리를 내린 화교 1세대를 구성하였다.

중국 국무원 교무판공실 통계에 따르면 2000년 말 현재 세계 화교 인구는 3,975.8만 명(홍콩, 마카오 제외)에 달한 것으로 나타나고 있다. 화교에 대한 또 다른 통계를 관리하고 있는 대만교무위원회 통계에 따르면 2007년 말 해외화교 수는 3,879.4만 명이다. 이들 화교의 고향은 광동성이 54%로 가장 많고 복건성이 25%로 그 다음이며, 하이난(海南) 6% 등이다.

한 화교보고서에 따르면 2008년 말 기준 화교 수는 4,800만 명으로

≫ 세계 화교 인구의 변화

지역	1950년대 초		2000년	
	화교수(만 명)	비중	화교수(만 명)	비중
아시아	1,166.7	96.45%	3,294	82.85%
미주	25.6	2.12%	433	10.9%
유럽	3.7	0.31%	145	3.66%
대양주	9.8	0.81%	78.6	1.98%
아프리카	3.7	0.31%	24	0.61%
합계	1,209.7	100%	3,975	100%

자료: 2008년 세계화상발전보고(2009. 2. 2).

추산하고 있는데 여기에는 중국이 개혁개방 정책을 시작하면서 허용한 이민 화교 417만 명과 기존 화교 인구 증감률이 포함되어 있다. 세계 화교 인구는 1950년대까지 96%, 즉 거의 대부분이 아시아 지역에 거주하고 있었으나, 2000년 기준으로는 미주(10%), 유럽(3.7%), 호주 및 뉴질랜드(2%) 등으로 다변화되고 있다.[41]

특히 아시아 지역에서의 화교 파워는 절대적이다. 먼저 싱가포르의 경우, 말레이인과 타밀족·말라얄리족·시크교도를 포함한 인도인 등이 인구를 구성하고 있지만, 화교 인구 점유비는 60%로 265만 명에 달한다. 그 다음으로 화교 인구 비중이 높은 국가는 말레이시아이다. 611만 명의 화교 인구를 보유한 말레이시아에서 전체인구 중 화교 인구 비중은 26%에 달한다. 태국과 인도네시아 그리고 필리핀 등 국가는 화교 인구가 전체 인구에서 차지하는 비중이 높지는 않으나, 많은 비중의 경제력이 화교에 집중되어 있다. 태국의 경우, 총자본(상장사 주식 점유 포함)의 81%가 화교 자본으로 인구 점유비는 11%에 불과하다. 인도네시아 역시 전체인구 3.1%에 불과한 746만 명 화교가

41 2008년 세계화상발전보고(中國華網. 2009. 2. 2).

≫ 동남아 주요 국가에서의 화교 영향력

	싱가포르	태국	말레이시아	인도네시아	필리핀
화교 수(천 명)	2,650	7,254	6,115	7,463	1,139
해당국에서 인구비	59.9%	11.1%	25.5%	3.1%	1.3%
상장주식 점유율	81%	81%	61%	73%	50%

자료: 이재유·허흥호(2006), 화교기업의 발전과 경영특성, 「중소연구」 110호, 79~80쪽.

자본의 73%를 점유하고 있는 것으로 조사되었다. 필리핀은 자본집약도가 최고이다. 전체인구의 1.3%에 불과한 113만 명 화교가 필리핀 자본의 절반을 움직이고 있다.

세계화상대회와 화교

화교 중에서도 비즈니스에 종사하는 화교 상인들 화상(華商)이라고 부른다. 이들 화상들의 단결력은 대단한데, 지난 30여 년간 100차례에 달하는 대규모 국제 대회를 개최했다. 이 중 2년 주기로 4일간 진행되는 세계화상대회(世界華商大會)가 가장 규모가 크고 영향력이 있는 행사이다. 첫 대회는 1991년 싱가포르의 당시 수상인 리콴유에 의해서 제안되었으며, 이는 화상 네트워크를 건설하여 싱가포르 경제발전에 대중국 투자기회를 확대하려는 배경에서 시작되었다. 세계화상대회는 1906년에 설립된 싱가포르 중화총상회(www.sccci.org.sg) 주관으로 준비되었으며, 1991년 8월 싱가포르에서 30개 국가로부터 800명이 참가한 가운데 첫 세계화상대회가 개최되었다. 이후 세계화상대회는 홍콩, 방콕, 벤쿠버 등에서 개최되었고, 2005년 10월에서는 서울에서 제8회 화상대회가 열렸다. 2011년 10월 5일부터 7일까지 개최된 제11회 화상대회는 다시 싱가포르에서 열렸다.

2009년 11월 20일, 필리핀 수도 마닐라에서 제10회 세계 화상대회가 개최되었다. 아로요 대통령은 중국과의 인연을 강조하면서 필리핀 경제에 대한 화교 자본의 기여를 치하했다. 세계경제의 위기에서도 필리핀은 2009년 1/4분기에 6.9%라는 고성장을 기록했는데, 이는 총 자산이 2조 5천억 달러에 달하는 화교 자본이 동남아 경제에 절대적이기 때문이다. 이번 10회 화상대회는 20여 개 국가(지역)에서 온 3,300여 명의 화상(華商)이 모이는 자리여서 필리핀의 국가적인 관심사가 될 수밖에 없었다.

화상은 세계 어디에서든지 생존할 수 있는 적응 능력, 두 사람만 모여도 혈연·지연 등 연결고리를 동원하여 협력 관계를 구축할 수 있는 네트워킹 능력, 낭비를 줄이고 실리를 우선시하는 자금 축적 능력, 어떤 위험을 감수하더라도 사업에 뛰어드는 도전 정신(Risk Taking)과 같은 장점을 보유하고 있다.

화상들을 연결하는 끈을 보통 3연이라고 부른다. 즉 혈연(가족, 친지), 지연(同鄕), 업연(같은 업종에 종사)이다. 화상들은 출신 지역만 같아도 마음을 열고, 신뢰가 쌓이면 협력자이자 파트너가 된다. 20세기부터 동남아 각국에 진출했던 이들 화상들은 담보 없이도 신용으로 자금을 빌려주었고, 성공하면 잊지 않고 원금과 이자를 꼭 갚았다. 이러한 신용관계를 저버리고 블랙리스트에 오르면 화교 사회에서 살아남기 힘들다. 이처럼 화상 기업들은 신뢰를 바탕으로 운영되며, 거기에 혈연, 지연, 업연 등이 신뢰를 창출하는 기반이 된다.[42]

42 김창도(2009), 화상 네트워크 모국과 상생, 친디아저널(2009년 12월호), 포스코경영연구소. 48쪽.

≫ 제13회 세계화상대회

자료: 제13차세계화상대회조직위(www.13thwcec.com).

≫ 역대 세계 화상대회 개최 현황

회차	일시	장소	대회 주제
1	1991.8	싱가포르	화인 기업 발전 및 세계경제 영향
2	1993.11	홍콩	세계경제 뉴 트랜드와 화인기업 역할
3	1995.12	태국 방콕	화인기업의 교류 및 공동발전 촉진
4	1997.8	캐나다 벤쿠버	정보화에 대한 화인기업의 대응
5	1999.10	호주 멜버른	新시대 화인 네트워크
6	2001.9	중국 난징	新세기 화인기업의 공동발전과 전망
7	2003.7	말레이시아 쿠알라룸푸르	글로벌 성장과 번영을 위한 협력과 통합
8	2005.10	한국 서울	화상과의 동반 성장, 글로벌 평화안정
9	2007.7	일본 고베	화합 공영, 세계에 도움을
10	2009.11	필리핀 마닐라	화상네트워크 강화 및 세계 번영
11	2011.10	싱가포르	뉴 프레임, 新화상, 新성장 동력
12	2013.9	중국 청두	중국의 발전과 화상의 비즈니스 기회
13	2015.9	인도네시아 발리	화상의 단결, 인도네시아와 윈윈 전략
14	2017.9	미얀마 양곤	-

자료: 세계화상연합회 www.lwcm.org.cn (2017. 8). 13차세계화상대회조직위(www.13thwcec.com).

화상들은 모든 네트워크를 동원해 중국의 성장에 기여하며, 한편으로는 발전 기회를 모색해 왔다. 중국의 개혁개방 초기, 외국 자본이 사회주의 국가 중국에 의심의 눈초리를 보내고 있을 때, 리스크 테이킹을 마다하지 않으며 선봉에 선 것이 화교 자본이다.

1979~1991년간 화교 자본은 총 179억 3천만 달러를 중국에 투자했는데, 이는 같은 시기 중국이 유치한 외국 자본 전체의 66%에 달했다. 2008년 말 현재 중국이 유치한 외국 자본 6,598억 달러의 60% 이상이 화교 자본이며, 55만 개 외자기업의 70%가 화상기업이다. 광동성은 개혁 이후 1,200억 달러에 달하는 화교 자본을 유치했고, 복건성의 3만 개 이상 외자기업 중 화교기업이 70%를 차지한다.

태국의 유명한 화상인 시에궈민(謝國民. Dhanin Chearavanont)의 정다그룹(正大集團. Chia Tai Group)은 1979년에 광동성 선전시 제1호 합자기업으로 중국에 대한 투자를 시작한 바 있다. 시에 회장의 본적은 광동성 산터우시이다. 정다그룹은 그 후에도 중국에 대한 투자를 확대하여 2007년 말 기준으로 대중투자 총액은 50억 달러로 29개 지역에 180여 개 기업을 설립하였으며, 직원 수만 8만 명을 넘고 연간 매출액은 300억 위안 규모이다. 2011년 말 기준으로는 누계 투자액 60억 달러, 설립기업 213개사, 연간 매출액 500억 위안으로 성장했다.[43]

개혁개방 초창기인 1980년대 중국에 투자한 동남아 지역 대부분의 화상들은 홍콩이나 싱가포르에 투자목적회사(Off-shore SPC)를 먼저 설립한 후, 이곳에서 내중국 투자를 집행했다. 이러한 추세는 1990년대까지 이어졌기 때문에 실제 이 시기에 홍콩투자로 잡히는 수많은

43 吴洪芹(2007), 从侨资企业看FDI在我国经济发展中的作用, 「中国外资」 2007年第8期, 国务院侨务办公室国外司司长.

통계치들은 동남아 화상 자본에 의한 투자가 많은 부분을 차지한다.

1990년대 초 싱가포르에서 대중국 투자의 50% 이상 자금이 홍콩 중개로 집행되었으며, 말레이시아의 대중국 투자액 역시 홍콩 경유 투자액이 대중국 직접투자액의 3배 수준에 달했다. 중국에서 화교·화인 화상업무를 전담하는 중앙부처인 국무원 교무판공실은 2003년부터 화상기업을 대상으로 '전국100대 유명 화상기업(全國百家明星僑資企業)'을 선정하는 작업을 해 오고 있다. 그중 2000~2002년도, 2003~2005년도 기업 리스트를 보면 선정된 총 893개 기업 중 60%가 홍콩 지역 출신기업이며, 20%는 구미·호주·일본·기타 선진국, 15%는 동남아 각국 출신 기업들이었다. 2006~2008년 리스트를 보면 홍콩 기업이 58%, 동남아 5개국 기업은 29%, 미국·호주·영국 등 선진국은 7%, 케이만군도 등 조세피난처 출신은 6% 수준이었다.

≫ 전국 100대 유명 화상기업 분포

출신국가(지역)	2000~2008년		2006~2008년도 (기업수)
	기업수(개)	비중(%)	
홍콩	129	62.62	58
싱가포르	23	11.17	14
버진아일랜드, 케이만제도	12	5.83	6
미국·캐나다	11	5.34	4
말레이시아	8	3.88	2
태국	8	3.88	5
필리핀	6	2.91	4
인도네시아	5	2.43	4
호주	2	0.97	2
영국	2	0.97	1
합계	206	100	100

자료: 국무원 교무판공실(www.gqb.gov.cn 검색일자: 2014. 6).

1998~2003년간 주요 국가(지역)의 대중국 해외직접투자액 누계는 2,476.3억 달러였는데 이는 같은 기간 총 FDI액의 88.56% 수준이었다. 이 중 많은 부분은 홍콩·대만·마카오 및 동남아 각국 등 화상으로부터의 직접 투자원 혹은 투자 경유지로 파악되는 곳에서 투자되었다. 실제 1998~2003년과 2004~2009년간 각 6년간 통계를 보더라도 홍콩은 같은 기간 중 각각 36.7%, 38.9%로 가장 많은 해외직접투자(FDI) 지역이었으며, 홍콩·대만·마카오를 합칠 경우, 그 비중은 각각 44%, 42.7%로 늘어남을 알 수 있다.

중국 같은 개발도상국은 가공무역 비중이 높은 연유로 FDI로 견인되는 수출액 비중이 적지 않다. 같은 기간 대홍콩 수출 비중은 각각 18.1%, 14.9%로 미국에 이어 다음으로 컸으며, 홍콩·대만·마카오를 합칠 경우, 그 비중은 각각 20.5%, 17%를 나타냈다.

1992~2009년간 FDI 기업의 수출액 누계는 4조 5,976.2억 달러이며, 이는 같은 기간 중국 전체 수출액(8조 6124.4억 달러)의 53.4%를 차지하는 비중이다. 이를 같은 기간 홍콩·대만·마카오 등 화상기업의 대중국 FDI 비중인 60%로 추산해 보면, 1992~2009년간 해외화상기업으로부터 유발된 중국의 수출액은 약 2조 7,585.7억 달러이며, 이는 같은 기간 중국 수출액의 32%에 해당한다.

또 다른 통계를 보자. 아주주간(2009)에 따르면 전 세계 화상기업 1,000개 중 동남아 지역에 분포한 기업은 2007년 514개로 51.4%를 기록했으며, 2009년에는 다소 줄어 335개(33.5%)를 기록한 바 있다. 기업수 기준으로 2009년 말 가장 많은 기업은 홍콩에 소재했으며, 총자산 및 매출액 기준으로는 타이완 내 1,000대 화상기업이 가장 많은 매출과 자산보유액을 기록한 바 있다.

≫ 주요 국가(지역)의 세계 1,000대 화상기업 경영실적 (단위: 억 달러)

국가(지역)	2007년			2009년		
	기업수	총자산	매출액	기업수	총자산	매출액
필리핀	8	337	86	8	405	117
말레이시아	31	1,418	272	25	1,838	337
타이완	255	11,053	4,891	119	12,141	4,734
태국	9	910	135	7	1,173	147
홍콩	159	7,174	2,044	139	10,247	2,652
싱가포르	232	2,732	396	28	3,847	609
인도네시아	35	175	92	9	316	173
합계	514	23,799	7,915	335	29,967	8,771

자료: '全球華商1000排行榜'「亞洲周刊」2009年12月6日 48期, 22~49쪽.

화상이 중국에 가져온 것은 자본뿐만이 아니다. 선진 관리경험과 기술도 동시에 전파했다. 또한 그들이 갖고 있던 세계 각지의 비즈니스 네트워크도 중국 내 사업장에서 활용되었다. 2000~2008년간 국무원 교무판공실이 선정한 '전국 100대 유명화상기업'에 선정된 206개 기업의 업종별 특징을 보면 전통제조업(포장, 인쇄, 제지, 유리, 타이어, 건자재, 금속, 화공, 화섬)에 종사하는 기업 비중은 24.3%였으며, 소비품 제조업(방직, 가전, 신발, 식품, 음료, 화장품) 종사기업은 21.8%, 부동산과 건축업은 17%를 점유하고 있었다. 이에 반해서 첨단기술산업(바이오, IT, 신에너지, 신소재)과 기계전기(자동차, 기계전기, 기계, 설비, 전기) 종사기업도 20.8% 점유하고 있어, 이들 화상기업이 중국 산업구조 업그레이드에 일정 역할을 했음을 짐작할 수 있다. 이들 화상기업의 첨단기술산업 종사 비율은 최근 들어 더욱 늘어나는 추세이다.

이들 화상기업이 중국경제 발전에 어느 정도 공헌을 했을까? 라오즈밍(饒志明) 화교대학 교수는 기존 알려진 통계수치를 활용하여 아래

와 같이 추산한 바 있다.[44] 라오즈밍 교수에 따르면 2004~2009년간 해외화상 FDI 총액은 2,647억 달러를 기록했으며, 같은 기간 수출총액은 15조 8,642억 위안을 기록한 바 있다.

같은 기간 해외화상들은 중국 전체 GDP의 11.9%에 달하는 투자 및 수출을 견인하였으며, 같은 기간 중국 전체수출액 중 이들 화상투자기업의 수출비중은 34%에 달했다. 또한 같은 기간 중국고정자산투자총액 대비 이들 화상의 FDI 총액 비중은 3.05%를 기록한 바 있다. 1992년부터 2009년까지 추세를 보더라도, 이들 해외화상의 중국 내 수출, 투자 비중은 큰 폭으로 늘어나고 있다.

중국정부 역시 다양한 우대정책을 화상에게 제공하면서 공생관계를 구축했다. 중국은 개혁개방 초기 선전, 주하이, 산터우, 샤먼 등 4대 경제특구를 홍콩 및 대만과 가장 인접한 광동성, 복건성에 설립해 화교 자본을 유치했다. 1990년에는 〈화교와 홍콩·마카오·대만 동포의 투자 규정〉을 공포하여, 다양한 우대정책을 제공했으며, 1994년

≫ 해외화상 및 화상투자기업의 중국경제 발전 기여도 추정치

	단위	1992~1997년	1998~2003년	2004~2009년
해외화상 FDI 투자액	억 달러	1,180.76	1,677.74	2,647.03
해외화상 수출총액	억 위안	12,392.92	41,364.11	158,642.54
중국GDP 대비 해외화상 투자 및 수출액비중	%	6.49	8.6	11.94
중국 전체 수출액 중 해외화상투자기업 비중	%	20.46	30.13	34.10
중국 전체 고정자산투자액 중 해외화상 FDI투자액 비중	%	7.11	5.78	3.05

자료: 丘进(2011), 「华侨华人蓝皮书:华侨华人研究报告(2011)」, 社会科学文献出版社, 297쪽.

44 丘进(2011), 「华侨华人蓝皮书:华侨华人研究报告(2011)」, 社会科学文献出版社, 297쪽.

에는 〈중국 대만동포 투자보호법〉을 공포하여 대만 투자에 대해서도 법적인 보장 조치를 마무리 지었다.

앞서 소개한 세계화상대회에 대한 중국 지원도 전폭적이었다. 2001년 9월 17일, 중국 강소성 난징시에서 개막된 제6회 세계 화상대회에는 당시 주룽지 중국 총리와 리루이환 정치협상회의 주석 등 중국 고위층이 대거 참석해 화상에 대한 중국정부의 기대를 반영했다. 주룽지는 21세기를 여는 새천년 신중국 건설에서 화상들의 중추적인 역할을 주문했고, 리루이환은 세계경제의 중국경제 의존도가 날로 높아가는 상황에서 모든 국가에 포진해 있는 화교들의 네트워크 중요성이 확대되고 있음을 강조했다. 중국정부는 성공적인 대회 진행을 위해, 막대한 재정지원을 아끼지 않았으며, 난징시 정부 역시 주 대회장으로 쓰일 11만㎡ 규모의 국제전시장 건설을 위해 6억 위안(약 1천억원)을 투자했다.

세계 화상의 규모

2010년 〈*Fobes*〉지에 따르면 2010년 말 기준 중국, 타이완, 홍콩을 포함한 전 세계 각국에서 활동중인 40명(각 국가별)의 부호 중에 포함된 화상(華商)은 총 241명인 것으로 나타났으며, 이들의 재산은 총 4,854.4억 달러로 조사되었다. 이들 241명의 부호 평균 자산은 20.14억 달러였으며, 이 중 동남아 지역 화상이 31.3%를 차지했고, 홍콩 지역 화상이 26%, 타이완이 14.5%, 중국 대륙은 28.2%를 차지했다.

동남아 5개국 총 124명의 부호가 리스트를 올린 화상들의 총 자산액은 1,520.2억 달러로 1인당 평균 자산은 12.3억 달러에 달했다. 홍콩의 37명 부호 자산은 총 1,265억 달러였으며, 1인당 평균치는 34.2억 달러였다. 타이완의 40명 부호 자산은 702.6억 달러로 평균

≫ 중화경제권 내 화상의 규모(2010년)

(단위: 인, 억 달러)

국가(지역)	부호 수	가족 및 개인 재산	
		합계	평균
싱가포르	37	418.9	11.3
말레이시아	25	382.6	15.3
인도네시아	19	272.2	14.3
태국	20	273.5	13.7
필리핀	23	173.0	7.5
동남아 5개국 소계	124	1,520.2	12.3
홍콩	37	1,265.0	34.2
타이완	40	702.6	17.6
중국(대륙)	40	1,366.6	34.2

주: 동남아 각국 화상 부호 수는 각국 부호 1~40위 부호 중 포함된 華商의 수를 의미함.
자료: Forbes 중문 사이트(www.forbeschina.com 검색일자: 2012. 5).

치는 17.6억 달러였다. 중국 대륙의 40명 부호의 자산 합계는 1,366.6억 달러로 평균치는 34.2억 달러로 홍콩과 비슷한 수준을 나타냈다.[45]

다음 페이지의 〈표〉는 동남아 5개국 내 화상의 자산 비중을 보여주고 있다. 2010년 말 현재 동남아 5개국 내 1~40위 부호 중 총 62%인 124명이 화상이었다. 또한 이들의 자산 비중을 보면 5개국 200명 부호의 총자산이 1,983억 달러 규모였는데, 이 중 76.6%에 해당하는 1,520억 달러가 화상의 자산이었다. 자산 비중으로만 보면 동남아 5개국 가운데 싱가포르 비중(91%)이 가장 높았으며, 그 다음이 필리핀(75.8%)이었다. 부호 중 화상 비중은 싱가포르가 가장 많았으며, 그 다음은 말레이시아였다.

45 丘进(2011), 「华侨华人蓝皮书: 华侨华人研究报告(2011)」, 社会科学文献出版社, 267쪽.

≫ 동남아 내 화상의 자산 비중(2010년) (단위: %, 인, 억 달러)

국가(지역)	1~40위 부호 자산합계	그중 화상의 비중			
		부호 수	부호 비중	자산	자산 비중
싱가포르	456.84	37	92.5	418.9	91.69
말레이시아	512.67	25	62.5	382.6	74.63
인도네시아	420.75	19	47.5	272.2	64.69
태국	364.65	20	50	273.5	74.99
필리핀	228.15	23	57.5	173.0	75.84
동남아 5개국 합계	1983.06	124	62.0	1520.2	76.66

주: 각 국 부호 1~40위는 華商을 포함한 모든 부호의 자산 합계를 의미함.
자료: Forbes 중문 사이트(www.forbeschina.com 검색일자: 2012. 5).

2012년 기준 전 세계 1,000대 화상기업 중 동남아 화상기업의 위치를 보면, 동남아 5개국의 비중이 현저함을 할 수 있다. 먼저 중국대륙을 제외한 1,000대 화상기업 334개사 중 동남아 5개국(싱가포르, 말레이시아, 필리핀, 인도네시아, 태국)에 소재한 기업수는 모두 82개로 24.6%를 점유하고 있다. 즉 전 세계 주요 화상기업 중 1/4이 동남아에 있는 셈이다. 동남아 5개국 중에서도 싱가포르와 말레이시아에 가장 많은 기업이 있다. 이들 동남아 5개국 내 화상기업의 규모를 보면 시가총액은 3,991억 달러에 달하고, 총자산은 1조 1,737억 달러 규모이다. 시가총액과 자산규모 면에서는 싱가포르 화상기업(27개사)이 가장 높은 수준을 보이고 있다.

Forbes와 홍콩에서 발행되는 중국어 주간지인 〈亞洲周刊〉은 매년 글로벌 화상 부호 리스트를 공포하고 있다. 이들 중 대표적인 화상 32명의 고향을 보면 복건성에 있는 항구무역 도시인 취안저우(泉州) 출신이 압도적으로 많은 것을 알 수 있다. 취안저우는 지금도 복건성의 성도인 푸저우(福州)보다도 경제규모가 높은 지역이다. 취안저우 출신 화상이 많은 이유를 살펴보면, 첫째로 청나라 무역정책의 영향으로 광동성 지역 항구를 제외한 모든 세관이 폐쇄되어 무역이 불가능해지자 복건성에서 무역을 영위하던 상인들이 다수 동남아로 진출한데 기인한다. 1757년 청나라 정부는 절강성 닝보(영파), 복건성 취안저우, 상해 송장 등 3곳의 기존 세관을 폐쇄하고, 광동성 광저우 한 곳만을 남겨두는 해금정책(海禁)을 쓰게 된다.

결국 기존 취안저우에서 무역업을 영위하던 수많은 무역업자들은 그들의 사업을 포기하거나, 아니면 정부가 허가하지 않는 밀무역업자로 빠져들게 된 것이다. 이들 중 일부는 그들이 무역을 영위하던 동남아 각국으로 진출하여 화교가 된다.

둘째로는 취안저우 지역의 특성이다. 취안저우는 복건성 남부에 있어 민남 지역에 있다. 민남(閩南)은 통상 복건남부 하문, 장주와 천주지역을 가리키며 이 일대의 백성들은 민남어를 사용했고 자신들만의 독특한 역사배경과 문화전통을 갖추고 있다. 대만, 홍콩과 동남아 일대에 천주인이 많으며 취안저우는 중국 최대의 화교들의 고향이다. 민남은 상인 문화를 중시하는 분위기가 강해 민남인들은 장사를 하여 돈을 벌겠다는 의식이 아주 강하다. 취안저우에는 '사장이 될 수 없다면 용감한 남자라 할 수 없다'는 속담이 있을 정도이다. 오늘날 취안저우시 진강(晋江) 유역의 경제의 번영은 민남인의 중상(重商)전통을 분리하여 생각할 수 없다. 진강유역의 삼각주 일대는 중국의 대형 국유기업들이 미처 개척하지 못한 지역으로, 그 지역의 경제적 특징은 시장경제와 중소기업이 주를 이루며 경제총량의 90% 이상을 차지하고 있다.

민남인들은 역사적으로 바다를 건너 해양세계를 주름잡는 전통이 있었으며 일찍이 송·원대의 취안저우는 당시 동방의 큰 항구로써 그

명성을 널리 떨쳤다. 해상의 비단길의 중요한 종착역으로, 일찍이 물밀듯이 전 세계의 상인이 몰려드는 상황 속에서 이곳의 대외개방과 해양문화는 유구한 역사를 지니게 되었다. 민남인들의 해양진출 의지는 강렬해서 수백여 년간 '외국으로 나가는 것'은 민남지역에서 영웅적 행위로 간주되었다.

그 결과 민남인의 동남아 이민은 계속 이어져서, 현재 60만 필리핀 화교의 자손 중 90%는 민남인의 후손들이다. 또한 싱가포르·말레이시아·인도네시아의 800여만 명의 화교들 중에서 민남화는 광범위하게 통용되는 언어가 되었다. 현재 대만·홍콩 및 동남아 각국의 민남인의 후예는 약 2천만 명으로 추정되며, 그 수는 대륙에 거주하는 민남인의 인구를 상회하고 있다.[46]

46 두위(2011), 「중국인 사용설명서」, 문화발전, 270쪽.

중국의 화교 정책

청대 화교 정책

청나라(1636~1912)는 중국 최후의 통일 왕조였다. 앞서 살펴본 것처럼 중국에서는 역사적으로 자발적 이동과 정치적 유배로 해외로의 진출이 있어왔다. 그러나 청대에 이르러 이민을 명백히 금지했는데, 이는 첫째로 해외로 이주한 명나라 신하들이 일으키는 무장반란을 통제할 목적과 둘째로는 해적행위를 금지하려는 배경에 기인한다.

이 당시 중국 이민자들은 청나라 정부의 보호를 받을 수 없었으며, 그 결과 현지 국가에서는 민족적 차별과 심한 착취에 시달려야 했다. 1683년까지 청나라 정부는 해안가에 사는 백성들을 내륙으로 이주시키고 외부와 접촉 및 왕래를 봉쇄하는 정책을 취하기도 했다. 이러한 봉쇄 조치는 청나라 황제의 칙령에 의해서 폐지된 1893년까지 계속되었다.

그럼에도 불구하고 청말 혼란기에 많은 중국인들은 자발적으로 이민에 나섰으며, 특히 아편전쟁(1840~1842) 이후 경제가 쇠락한 광동성, 복건성 지역 농민들이 적극적으로 해외로 이주하게 된다. 1861년 마침내 청나라 정부는 외국 관련업무를 관장할 기관으로 외무부의 전신에 해당하는 총리아문(總理衙門)을 설치하였다.[47]

총리아문의 공식명칭은 총리각국사무아문(總理各國事務衙門)이며, 총리아문(總理衙門) 또는 총서(總署)라고도 한다. 청나라 말기에 이르기까지 중국의 외국 업무는 예부(禮部)·이번원(理藩院)의 관할로서 조공국(朝貢國)과 같이 취급되어 왔는데, 1860년의 베이징 조약 체결로 대외업무처리를 위한 부서가 필요해졌다. 1861년 구미 제국의 주중(駐中)

47 자료: 中國網(검색일자: 2017. 7).

외국공사관 설치에 대비하여 베이징조약 체결의 교섭을 맡았던 공친왕(恭親王) 혁흔(奕訢)을 중심으로 개설했다. 대신은 거의가 군기대신(軍機大臣) 등의 겸임이어서 군기처의 한 분국인 듯한 양상이었기 때문에 1901년에 이르러 6부(部) 앞에 위치하는 격식을 갖춘 외무부가 개설되고 총서는 폐지된 바 있다.

1868년 총리아문 주최로 중국과 미국 사이에 벌링게임 조약(Burlingame Treaty)이 체결되었고, 조약 제5항에 합법적 이민을 명시하게 되었다. 앤슨 벌링게임(Anson Burlingame)은 1861년 링컨 대통령이 지명한 청나라에 대한 미국장관이었다. 조약 5항은 다음과 같다.

'미국과 중국 황제는 국적을 바꿀수 있는 권리를 인정하는 한편, 호기심, 무역, 영주를 목적으로 하는 자국민의 자유로운 이민 그리고 한 나라에서 다른 나라로의 물건의 자유로운 이동을 성실히 인정한다.'[48]

48 In 1867, the Chinese government made an extraordinary request of the American minister to China, Anson Burlingame: that he head a Chinese diplomatic mission to the United States and European nations. The mission resulted in an agreement by the American and Chinese governments to revise the 1858 Treaty of Tientsin. The amendment to the Treaty of Tientsin, commonly known as the Burlingame Treaty(1868). Both countries were to recognize "the inherent and inalienable right of man to change his home and allegiance, and also the mutual advantage of the free migration and emigration of their citizens and subjects, respectively for purposes of curiosity, of trade, or as permanent residents." Another clause stipulated that "Chinese subjects visiting or residing in the United States, shall enjoy the same privileges, immunities, and exemptions in respect to travel or residence, as may there be enjoyed by the citizens or subjects of the most favored nation." The privileges and immunities provision was aimed at protecting Chinese in the United States against discrimination, exploitation, and violence. (http://immigrants.harpweek.com 검색일자: 2014. 7).

이 조약은 미국 캘리포니아 개발을 도울 중국인 계약 노동자들의 대규모 수입을 합법화하였지만, 유럽 출신 이민자들과는 다르게 이들이 미국 시민이 되는 것은 부정하였다. 다만 중국인 노동자들 미국 지방정부로부터 받게 될 공개적인 차별로 부터는 보호하는 역할을 하였다.

또한 총리아문은 1873년 페루와 1874년 쿠바에서 중국인 계약노동자들의 부당한 대우를 조사할 위원회를 설치한 바 있다. 두 위원회의 보고를 기초로 중국과 페루, 중국과 스페인간의 양자 조약을 체결할 기반을 마련하였다. 이러한 조약들과 보고를 바탕으로 청나라의 화교정책은 모양을 갖추어 갔다.

또 한 가지 청나라 화교 정책의 축은 '중화회관(中華會館)'에 있다. '중화회관'은 각 국가에 있는 화교 1세대들이 자신들의 커뮤니티를 조직화하기 위하여 만든 '상공회의소' 혹은 '교민협의회'와 같은 역할을 수행하였다. 그러나 청말 및 중화민국 초기에 변변한 외사업무 조직을 갖추지 못한 중국정부는 해외 화교들의 업무를 '중화회관'에 의지할 수밖에 없었고, 또 '중화회관'은 중국정부와 거주국 정부에 영향력을 행사할 수 있었다. 중국의 외교공관들과 '중화회관'은 화교 업무의 감독과 정보 집적의 허브 역할을 하였다.

미국의 경우, 1851년에 광동성 남해, 번우 및 순덕 출신들 이주민들이 첫 번째 '중화회관'인 '三邑회관'을 설립했다. 이들은 입회비, 법률소송기금 등을 받고, 자문위원을 두어 화교들의 권익보호에 나섰다. 같은 해 광동 짜오칭현 주민이 주도가 되어 '四邑회관'도 설립되었다. 1852년에는 광동 중산시역 출신들이 陽和회관을 설립하였고, 객가인들은 '人和회관'을 별도로 설립하였다. 1854년에는 '寧陽회관'이 설립되었다.[49]

49 김남현(1997), 초기 중국인 사회조직체 연구: 6大中華會館을 중심으로, 「미국사

≫ 1862년에 설치된 샌프란시스코 중화회관

자료: 미국화인공상업연합회(www.usccda.org 검색일자: 2017. 6).

이들 '중화회관'은 새로 온 이민자들에게 숙식을 제공하는 단순한 업무에서부터, 병든 자를 돌보고 사망한 자의 유골은 고향으로 선박 운송하였으며, 각 구성원 간의 분쟁이 일어날 경우 이를 중재하기도 하였다. 즉 화교들의 보호막이 됨은 물론, 상조 역할도 수행한 것이다.

청 정부는 1909년에 중국 최초의 국적법이라 할 수 있는 '대청국적조례(大清国籍条例)'를 공포하게 된다. 총 24조 법조문으로 된 동 조례를 통해 청 정부는 이민을 법적으로 규정하고, 화교들에게 법적 지위를 부여하였다. 이 시기 청나라의 화교 정책은 영사관 설립을 통한 화교 권익보호, 교육사업을 통한 화교의 중국문화에 대한 이해 확대, 국내에서의 합법적인 권익보호와 장려 등을 통한 화교의 국내 산업 투자 유치, 혈통주의 원칙에 입각한 국적법의 제정 등으로 요약할 수

연구」 6권, 38~41쪽.

있다.

이러한 청대의 화교 정책은 화교자본 유치, 화교를 통한 선진 생산 기술과 경영관리 방법 도입 등으로 민족 상공업의 근대화를 촉진시키고, 이후 정권의 화교 정책 수립에 기초를 제공했다.[50]

≫ 청대 세계 각국에 설치된 중국 영사관 현황

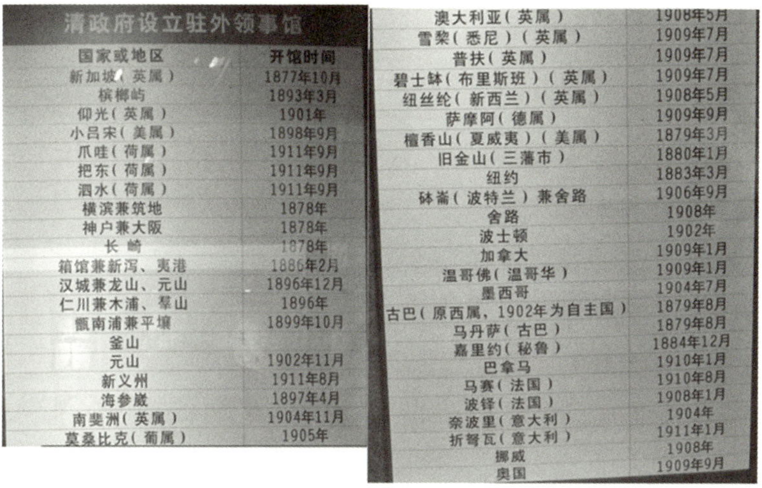

清政府设立驻外领事馆

国家或地区	开馆时间
新加坡(英属)	1877年10月
槟榔屿	1893年3月
仰光(英属)	1901年
小吕宋(美属)	1898年9月
爪哇(荷属)	1911年9月
把东(荷属)	1911年9月
泗水(荷属)	1911年9月
横滨兼筑地	1878年
神户兼大阪	1878年
长崎	1878年
箱馆兼新泻、夷港	1886年2月
汉城兼龙山、元山	1896年12月
仁川兼木浦、群山	1896年
甑南浦兼平壤	1899年10月
釜山	
元山	1902年11月
新义州	1911年8月
海参崴	1897年4月
南斐洲(英属)	1904年11月
莫桑比克(葡属)	1905年
澳大利亚(英属)	1908年5月
雪梨(悉尼)(英属)	1909年7月
普扶(英属)	1909年7月
碧士钵(布里斯班)(英属)	1909年7月
纽丝纶(新西兰)(英属)	1908年5月
萨摩阿(德属)	1909年9月
檀香山(夏威夷)(美属)	1879年3月
旧金山(三藩市)	1880年1月
纽约	1883年3月
砵崙(波特兰)兼舍路	1906年9月
舍路	1908年
波士顿	1902年
加拿大	1909年1月
温哥佛(温哥华)	1909年1月
墨西哥	1904年7月
古巴(原西属，1902年为自主国)	1879年8月
马丹萨(古巴)	1879年8月
嘉里约(秘鲁)	1884年12月
巴拿马	1910年1月
马赛(法国)	1910年8月
波铎(法国)	1908年1月
奈波里(意大利)	1904年
折弩瓦(意大利)	1911年1月
挪威	1908年
奥国	1909年9月

주: 청대 가장 먼저 설치된 영사관은 영국 식민지였던 싱가포르로 1877년 10월에 설치되었다. 이후 1911년부터는 자바(네덜란드령) 등 서구 열강 식민 지역에 진출한 '화공' 보호를 위해 주로 설치되었다. 한국 서울과 인천에는 1896년 12월에 설치되었다. 미국에 가장 먼저 설치된 청대 영사관은 샌프란시스코(1880. 1)이며, 쿠바(1879. 8), 페루(1884. 12) 등 남미 지역에도 이른 시기에 설치된 바 있다. 20세기 초에는 멕시코(1904. 7), 캐나다(1904. 7) 등에도 영사관이 설치되었다.

자료: 광동화교박물관. 김동하 © 2017.

50 毛起雄 · 林晓东(1993), 『中国侨务政策概述』, 中国华侨出版社, 45~53쪽.

중국 개혁개방 이전 화교 정책

중국은 1954년에 공포된 헌법 제98조에서 "중국정부는 국외 화교의 정당한 권리 및 이익을 보호한다"라고 천명하고 화교업무를 주관하는 전문기관으로 국무원 산하 직속으로 '화교사무위원회'를 설치하였다. 동시에 우리의 국회격인 전국인민대표대회에 화교 대표가 참가한다는 것도 규정화되어 화교의 국정 참여를 보장하였다.

당시 중국 화교 정책의 목적은 화교들이 본토에 남은 그들의 가족들을 위해서 보내는 부양 자금 획득을 위한 경제적인 이유가 있었으며, 아울러 화교 네트워크를 이용해 중국산 제품의 대아시아 판로 확대를 꾀하고자 하였다. 물론 화교 조직을 대만 통일을 위해 활용하려는 정치적 목적도 있었다. 추후에 다시 바뀌었지만 이 시기 중국은 화교의 이중국적을 인정하는 태도를 표방하였다.

곧이어 문화대혁명(1966~1976년)의 정치 광풍이 불었다. 이 시기 중국정부는 해외화교에 대한 반감과 불신을 표출하였다. 문화혁명의 노선 자체가 부르주아적 노선을 철저히 배격한다는 것이었으므로, 국내에서 비교적 유복한 생활을 하던 화교의 자손(僑眷)이나 귀국화교

≫ 개혁개방 이전 중국의 화교 정책

연도	조치	목적
1950	'화교송금우대잠행방법' 제정	화교 송금 장려
1951	'화교투자공사' 창설	화교 투자자금의 생산건설부문 투입
1955	'광동화교투자공사' 등 13개 공사합영화교투자공사 설치 (북경: 화교투자총공사)	직접 혹은 은행환에 의한 투자 허용
1957	'국영화교투자공사에 대한 투자우대방법' 공포(국무원)	투자에 연 8% 배당, 12년 후 원금회수 및 송금 허용

자료: 조정원(2009), 중국의 화교 정책에 대한 연구, 「민족연구」 37권, 140쪽.

(歸僑)는 홍위병의 공격 대상이 되었다.

홍위병들은 화교 가족을 습격하고 가택 수색을 해서 사치품이나 고가품을 탈취하였으며, 이들을 길거리로 몰아내어 '해외 부르주아 계급'이라고 공개 비판하였다. 가옥 이외의 자산은 몰수당했으며, 화교투자공사의 투자나 이익은 동결되었다. 이러한 이유로 해외 화교로부터의 송금은 급감하였다. 문화혁명 10년 동안 중국의 화교업무는 거의 정지되었으며, 반대로 대만은 화교업무가 활성화되는 계기를 맞이하였다.

이 시기 화교를 정책적으로 이용한 결과가 비극적으로 끝난 사례가 나타났는데 바로 1965년 인도네시아의 '9.30 사건'이다. 마오쩌둥은 인도네시아 화교를 통해 인도네시아 공산당(PKI)의 쿠데타를 지원하면서, 인도네시아의 공산화를 지원하였다. 하지만 쿠데타가 실패하면서 인도네시아 화교는 희생되었고, 새롭게 구성된 수하르토(Suharto) 정부의 묵인아래 反화교 폭동이 벌어져서 수만 명의 화교가 학살되는 참사가 벌어졌다. 외교 문제를 고려한 중국정부는 이러한 화교의 희생에 대해 외교적인 대응을 하지 못했다.[51]

개혁개방 이후 중국의 화교 정책

개혁개방 정책이 시작된 1979년 이후 중국의 화교 정책은 16자 방침(一視同仁, 不得歧視, 根據特點, 適當照顧)으로 요약된다. 즉 모든 것을 동등하게 보고, 차별하지 않으며, 장점을 중히 여기면서 적당하게 보살핀다는 의미이다. 물론 이는 화교를 대상으로 한 방침이다. 화교의 해외에서의 생활 체험을 존중하고, 해외와 가진 네트워크라는 장점을 활용하겠다는 노선이다. 문화혁명 기간 화교와 그 가족들은 심문, 가

51 최승현(2003), 현대 중국 교민정책에 대한 소고, 「중국학논집」 16호, 74쪽.

택수사, 형벌, 하방을 당했고, 소속 직장에서의 승진, 임금에서 차별을 받았으며, 군입대도 허용되지 않았다. 문혁기간에 이루어진 60여만 건의 정치적 판정에 대해 중국정부는 1979년부터 1989년까지 10여 년 동안 재심사를 실시하여 6만 4,500여 건에 대하여 시정조치 및 명예회복을 단행하였다.

개혁개방 이후 중국 화교정책의 방점은 경제발전에 동력으로 활용한다는 데 있었다. 화교들의 자금뿐만 아니라 그들의 기술과 인재를 흡수하기 위해 노력했다. 홍콩·마카오·대만 등 화교들이 가진 네트워크를 활용하기 위해 중국 최초의 경제특구는 1979년에 이들과 인접한 광동성 선전·산터우·주하이 그리고 복건성 샤먼에 설치되었다.

또한 중국이 이미 투자한 화교기업들의 재투자와 사업확대를 위하여 재산권 행사, 과실송금 등 업무에 있어서 다른 외국기업에 우선하는 특혜를 부여하였으며, 중국 내 교육사업에 기부할 수 있는 플랫폼을 만들어 화교들의 나라사랑이 자선사업을 통해 시현되도록 유도하였다.

이외에도 중국 화교정책의 기본 방침을 정리하면 다음과 같다.

첫째, 화교에 대해 이중국적을 인정하지 않고, 거주국의 국적을 취득하도록 권유한다. 즉 화교의 화인(華人)화를 촉진한다. 실제 1980년에 제정한 〈국적법(中華人民共和國國籍法)〉에서도 이중국적을 인정하지 않음을 천명한 바 있다. 이후 1980년대에 해외 화교들은 현지 국적 취득에 대거 나서게 된다.

둘째, 화교의 정당한 권리를 보장하며 화교 거주국 정부에 대하여 화교의 합법적 권익을 보장할 것을 요구한다.

셋째, 화교가 거주국과 거주국의 법률을 존중하고 거주국 국민과 우호 관계를 유지하며 장기간에 걸쳐 공존할 수 있도록 교육한다. 이를 위해 중국정부는 해외 교포들이 거주국에서 중국의 정치적 신념이나 정치적 조직과의 연계활동을 엄격히 반대하고 있다.

넷째, 화교 동포의 애국주의 정신을 수호하고 발양하며 가족보다는 나라를 사랑하도록 장려함으로써 화교 동포 전체 단결을 도모한다.

다섯째, 중국 국내에 있는 귀국화교, 화교 연고자, 화교 가족에 대해 우대하고 보호하는 정책을 견지한다. 현재 중국 국내에는 귀국 화교가 90만 명, 화교·화인들의 중국 내 가족들이 약 3천만 명 정도 되는 것으로 추산하고 있다. 실제 중국정부는 이들을 위해서 관련 법률법규를 제정공표하였는데, 그 대표적인 것이 1990년에 제정된 〈귀교교권 권익보호법(歸僑僑眷權益保護法)〉이다. 동법은 2000년과 2009년에 두 번 수정된 바 있다.

동법은 귀국 화교와 화교 가족들에 대한 차별금지와, 재산, 직장, 교육, 주택 등에 대해 국가가 지원, 특혜를 부여할 수 있는 법적 근거를 제시하고 있다. 또한 인민대표대회 등에 정치 참여를 보장하며, 세금우대와 해외 화교들과 교류할 수 있는 권리가 있음을 명시하고 있다. 또한 동 법의 실시세칙에 해당하는 〈귀교교권권익보호법 실시방법(歸僑僑眷權益保護法實施辦法)〉을 1993년에 제정하였으며, 역시 2004년에 수정공포한 바 있다.

교무(화교사무) 판공실

1949년 중국 성립 이후 화교 사무를 총괄하던 '화교사무위원회'는 1978년에 국무원 화교사무판공실(國務院僑務辦公室)로 명칭을 변경하였다. 현재 중국의 화교정책은 이 교무판공실을 중심으로 이루어지고 있다.

주요 업무로는 국무원 지도하의 국내외 화교 업무의 통일적 지도,

국내외 화교업무의 상황 조사연구, 당과 정부의 화교업무 기본방침·정책·법규 제정 및 집행 협조, 화교의 정당한 권리와 권익보호, 귀국 거주할 화교의 재배치 등이다.

교무판공실은 다음과 같은 직속기구를 가지고 있다. 먼저 언론사로 중국신문사(中國新聞社. www.chinanews.com. 중국신문망)이 있으며, 전 세계 화교 커뮤니티 포털 사이트라 할 수 있는 중국교망(中國僑網. 華聲報社 www.chinaqw.com)이 있다.

이외에도 3개 교육기관을 가지고 있는데, 주로 언어 학습 기능을 수행했던 북경화문학원(北京華文學院)과 광동성 광저우에 있는 종합대학인 기남대학(暨南大學), 복건성에 있는 화교대학(華僑大學)이 있다. 기남대학은 1906년 청 정부가 난징에 설립한 기남학당(暨南学堂)이 전신이며, 후에 상해로 옮긴 후 1927년에 지금의 국립기남대학으로 교명을 개칭하였다. 화교 자녀들을 위한 대학이었던 기남대학은 발전을 거듭하여 지금은 종합대학으로써 국가중점대학으로 성장했다. 1960년에 설립된 화교대학은 복건성 샤먼과 취안저우 두 곳에 캠퍼스를 가지고 있는 종합대학이다.

≫ 국무원 화교사무판공실 홈페이지

자료: 국무원 화교사무판공실(www.gqb.gov.cn 검색일자: 2017. 7).

≫ 중국 화교망

자료: 중국교망 홈페이지(www.chinaqw.com).

대만의 화교 정책

대만의 화교 정책 기원은 청나라 말 해외에 있는 중국인들의 생명과 권리를 적극적으로 보호할 필요성이 제기되어 청 정부가 취한 조치와 손문(孫文)이 주도했던 1911년 신해혁명에서 화교들이 담당했던 역할에서 찾아볼 수 있다.

이러한 이유로 청나라 말과 국민당 정부 초기에 내각수준인 교무위원회에 의한 화교정책이 등장하게 되는데 이는 속인주의(屬人主義) 원리와 혈통과 종족에 기초한 것이다. 사람에 대한 효력범위를 결정하는 법의 태도에는 속인주의와 속지주의(屬地主義)가 있다. 속인주의는 자국영역의 내외를 불문하고 국적을 기준으로 하여 모든 자국민에 대해 법을 적용하는 원칙이다. 반면, 속지주의는 자국민과 타국민을 불문하고 자국영역을 기준으로 하여 그 영역 내에 있는 모든 사람에 대하여 법을 적용하는 원칙이다.

1947년 12월, 국민당 정부는 국민대회에서 반포 제정한 〈중화민국헌법〉에서 '기본국책'으로 해외거주 교민을 지원하고 보호하며, 화교의 경제사업 발전을 지원·보호하기로 명시한 바 있다.

1949년 국민당 정부가 대만으로 후퇴한 이후, 국민당 정부의 화교정책은 정체되지 않고 본토 정부, 미국, 기타 주요 국가 내 화교 조직과 상호작용에 의해 역동적으로 변화하여 왔다. 장제스(蔣介石)는 손문의 화교정책을 광범위하게 확대하고, 화교 사회에 대한 영향력을 확대하기 위해 기구와 네트워크를 세계 각국에 만드는 전략을 펼쳤다.[52]

52 장제스(1887~1975): 본명 中正. 저장성 봉화현 출생. 1906년 바오딩군관학교에 입학하고 다음해 일본으로 유학갔다. 중국혁명동맹회에 가입, 1911년 신해혁명

특히 국민당 정부가 타이완으로 패퇴한 이후 외교적 범위가 축소되었으며, 이를 화교를 활용하여 만회하려 하였다. 즉 화교 채널을 이용하여 미국, 일본, 동남아, 아프리카 등 여러 국가에서 외교적 경제적 지원을 도모하였으며, 그 결과 기존 화교들은 공산주의와 자본주의, 중국과 타이완 사이에서 선택을 강요받게 되었다.

1952년 국민당은 '화교관리지침'을 발표하여 '개선된 외교관계를 통해 화교들의 권리와 특권을 보호하고 중국 공산주의자와 소비에트에 대항하기 위해 화교 조직 간의 협력을 촉진한다'라는 방침을 내세운 바 있다.

중국의 등장에 따른 대만 화교정책 변화

1971년 10월, 중국에 의해 대만은 UN에서 축출되었다. 게다가 중국은 막대한 권한을 가진 UN 안전보장이사회 상임이사국 지위까지 획득했다. 그 결과, 대만의 외교력은 급격하게 훼손되었으며, 중국의 'One China Policy(하나의 중국 정책)' 때문에 이후 많은 나라들이 대만과 단교를 하고 중국과 수교를 하기 시작한다.

이에 따라 화교 사회에 대한 대만의 영향력 역시 급속하게 쇠퇴하

에 참가하였다. 1918년 손중산 휘하에 들어가 군사 분야에서 활약했다. 1924년 황푸군관학교장, 1926년 국민혁명군 총사령에 취임하여 북벌을 개시한 후, 베이징(1928)을 점령하였다. 난징 국민당 정부 주석과 육·해·공군 총사령이 되어 1930년부터는 공산당 포위전을 수행하였다. 만주사변 후 일본 침공에도 "내정을 안정시키고 후에 외적을 물리친다"는 방침으로 군벌을 이용, 국내통일을 추진하였다. 1936년 西安에 갔다가 장쉐량 군대에 감금을 당한 후, 1937년 국공(國共)합작으로 항일전을 개시하였다. 2차대전 종전 후 1946년 다시 공산당과 내전을 개시하였다. 1949년 12월 패퇴하여 타이완으로 정부를 옮겨 중화민국 총통과 국민당 총재로서 타이완을 지배하였다. 1975년 4월, 그가 사망하자 권력은 부통령이던 아들 장경국에게 계승되어 1988년까지 계속되었다(中國網. 검색일자: 2014. 6).

게 된다. 이 시기 화교 사회에서 反국민당 활동이 일어나게 되었는데, 주로 화교 2~3세대를 중심으로 反국민당, 反대만 활동이 거셌다. 이는 대만의 화교업무가 주로 전통적인 화교 사회 혹은 소수의 화교 기관에만 초점을 맞추고 진행되어 왔기에, 그동안 소외되었다고 느껴온 비주류 화교 조직(기구)의 반작용인 셈이었다.

이러한 위기를 감지한 국민당은 1972년 장경국이 행정원장에 부임하자 대만 출신 화교들의 대만 정치 참여 기회를 늘리는 등 변화를 시도하였다.[53] 그러나 국제무대에서 대만의 영향력 쇠퇴는 화교사회에서도 증폭되고 있었다. 1984년에는 미국 내 화교사회에 대한 강압적인 관리와 통제를 통해 영향력을 확보하려 하였으나 오히려 부작용만을 나타내고 실패로 끝나고 말았다.

기본적으로 중국은 1955년부터 화교에 대해서 단일 국적 정책을 견지하였다. 즉 현지국 국적이나 중국 국적 하나만을 취득하도록 요구하는 것으로, 이는 실질적으로 현지에 생활기반을 두고 있는 화교들에게 현지국적 취득을 장려하는 정책 방향이었다. 이에 반해 대만은 '이중국적'을 허용하는 화교정책을 실시하였으나, 이는 현지국 정부의 반발을 일으켰다. 또한 현지 화교에 대한 영향력을 확보하려는 정치적 함의도 가지고 있었기에, 기존 화교 조직들의 불만도 표출되었다.[54]

대만 교무위원회

대만에서 화교 업무를 총괄하는 부서는 대만교무위원회(공식명칭은

53 장경국(蔣經國. Chiang Ching kuo). 1910.4.27.~1988.1.13. 아버지 장제스. 중산대학교 졸업. 1984~1988.1 제7대 타이완 총통. 1978.5~1984 제6대 타이완 총통. 1975.4~1988.1 타이완 국민당 중앙집행위원회 위원장.

54 조정원(2009), 중국의 화교 정책에 대한 연구, 「민족연구」 37권, 149~153쪽.

중화민국교무위원회. 中華民國僑務委員會. Overseas Community Affairs Council, Republic of China(Taiwan))이다. 1926년에 국민당 정부 산하에 설치되었으며 1932년에 행정원 소속으로 편제되어 중앙부처 기구가 되었다. 주요 업무는 화교를 위한 문화, 교육, 투자 서비스 업무를 수행하고 있으며, 대만과 외교관계를 맺지 못하고 있는 국가(지역)에서는 '교무서비스센터(華僑服務站)'를 통해 관련 증명서 발급 등 일부 영사 업무를 수행하고 있다.

이후에 해외 화교의 교육을 위하여 1941년에는 '교민교육통신학교(僑民教育函授學校)'을 개설하여, 우편통신을 통하여 화교들에게 교육 기회를 부여하였다. 1942년 4월에는 화교통신사(華僑通訊社)라는 통신사를 설치하여 전 세계 화교를 대상으로 신문을 발행하기 시작했다.

≫ 대만 교무위원회

자료: 대만교무위원회(www.ocac.gov.tw 검색일자: 2017. 7).

1985년 미국 샌프란시스코에 화교문교서비스센터(華僑文教服務中心)를 설치한 이후 전 세계 17개 도시에 화교를 교육·문화 서비스를 위한 서비스센터를 보유하고 있다. 현재 대만교무위원회는 전 세계 55개 도시(국가)에 화교 서비스센터를 개설하고 있는데, 아시아 지역에는 한국, 일본, 태국, 필리핀, 말레이시아, 베트남, 인도네시아 등 10곳이 위치하고 있다.

한국 속 화교

화교(華僑)는 현재 5천여 명이 북한에 거주하고 약 2만 명이 한국에 거주한다. 이들은 대부분 일찍이 중국 산동에서 거주지를 옮겨온 사람들이다. 그러나 1992년 중반부터 중국과 한국이 외교관계를 맺은 후, 중국의 상공인들이 한국에 와서 체류하기 시작했다. 또한 많은 중국 유학생들이 한국에 와서 공부 하고 있으며, 적지 않은 중국의 조선족과 한족이 한국인과 혼인관계를 맺어 한국에서 살게 되었다. 이들은 新화교이며, 1992년 이전에 한국에 와서 정착한 옛 화교들과 구분된다.

중국과 한국은 인접해 있고, 국토도 서로 이어져있다. 옛부터 중국대륙에 어떤 변화가 일어나면 이를 계기로 많은 중국인들이 한반도로 이주했다. 1842년에 아편전쟁 발발 후 청나라 정부는 패배로 인해 열강과 체결한 남경조약에 따라 중국 문호를 개방하였다. 그때부터 자국민의 해외 이민을 금지했던 '대청봉금령'은 법률적 효력을 잃게 되었다. 1882년 8월 청정부와 조선은 '조선-청 상민 수륙무역장정'을 체결하였고, 이를 계기로 많은 화교상인(華商)들이 한반도에 들어가 통상무역에 종사하게 되었다. 이를 초기 한국 화교 이민의 효시로 본다. 이외에도 적지 않은 산동성, 하북성에 사는 중국 농민이 고향의 경작지가 줄어들고 생활고로 인해 조선으로 이주해 오기도 하였다. 한국 화교의 이민사는 역사의 발전과 경제활동의 특색에 따라 다음과 같이 구분할 수 있나.[55]

55 고영근·김동하(2010), 『중국의 상관습과 지역별 비즈니스 환경』, 부산외대출판부, 282~295쪽.

한국화교 발전기 구분

한국 화교 정착기(1882~1895)

한국 화교의 정착기는 '조청상민수륙무역장정(朝淸商民水陸貿易章程)'[56]을 체결한 1882년부터 청일 전쟁 전후인 1895년까지이다. 조선 고종 집권 시기인 1882년 6월 9일, 임오군란이 발발하자 청조는 조선을 돕는 구실로 대규모 군사를 조선에 파견하게 된다. 특히 광동수군제군 오장경을 파견하여, 3대의 군선에 수군 3,000명과 2대의 상선에 40명 군사를 거느리고 산동성 연태에서 출발, 한 달 뒤 7월 12일에 지금에 서울에 도착하였다. 당시의 조선에 도착한 청나라 군무원(비전투요원) 40명을 한국 화교의 시초로 볼 수 있다. 이들은 원래 청군 주둔지 생활을 도와주는 군무원(보급병)이였지만, 시간이 지남에 따라 조선인과 무역을 하기 시작하였다. 조선과 청나라간 통상조약인 '조청상민수륙무역장정' 체결 후, 청조 북양대신(北洋大臣) 이홍장(李鴻章)은 원세개(袁世凱)를 총리교섭통상사의(總理交涉通商事宜)로 임명하여 서울에 상주시켰으며, 각 항만에 상무청을 세워 중국 상인이 한국에

56 조청상민수륙무역장정(朝淸商民水陸貿易章程). 1882년(고종 19) 8월 23일 조선과 청나라가 맺은 두 나라 상인의 수륙 양면에 걸친 통상에 관한 규정으로 전문 8조이다. 1882년 임오군란을 계기로 민씨(閔氏)정권에 대한 내정간섭을 강화한 청나라는 8월 23일 '同장정'을 맺고 조선과 통상을 개시하였다. 1·2조에서는 조선의 왕과 북양대신은 동등한 지위이며, 양자는 개항장에 상무위원을 파견하되 청측은 영사재판권을 행사하는 치외법권 규정을 두었다. 3조에서는 황해도 연안 및 山東반도의 登州 연안에서의 어채(漁採)를 허용했다. 4조에서는 베이징과 楊花津의 개잔무역(開棧貿易)을 허용하되 양국의 내지채판(內地采辦)은 금했다. 5·6조에서는 柵門·의주·훈춘·회령의 개시와 紅蔘稅則을 15/100로 규정했다. 7·8조에서는 招商局輪船의 운항 및 병선의 조선 연해 내왕·정박은 북양대신과 조선국왕의 자회(咨會)로 결정한다는 것 등을 규정했다. 장정의 성립 이후 조선 내정에 대한 청의 간섭이 본격화되어 외교·통상 사무를 관장하는 통리아문을 설치했다. 청상인들은 영국제 면제품을 들여와 팔고 조선의 곡물과 금은 수출되어 조선의 무역수지 적자가 늘어났다(자료: 김동하. 2015).

서 장사를 할 수 있도록 정책 지원을 했다.

1890년 이후 청나라 상인들의 자유로운 상행위가 가능해지자, 장기 체류를 목적으로 하는 화교 상인(華商)이 급격하게 늘어났다. 당시 화교의 대부분은 산동에서 한국의 인천과 서울로 이주했고, 정기적인 상선을 통하여 방직품, 피혁, 농산품들의 수출입 무역에 종사하였다. 게다가 1884년 4월 청정부와 조선은 '인천구 화상지계장정(仁川口華商地界章程)'을 체결하여, 청나라 상인이 거주할 조계(租界)를 확보할 수 있었다. 이를 통해 인천의 16,500㎡ 면적의 조계지에 많은 중국식 주택을 세웠는데, 이것이 한국의 첫 번째 차이나타운이다.[57] 1883년에는 48명에 불과했던 화교는 1890년에 이르러서는 1천여 명으로 늘어났다. 그리고 1898년에는 의화단 반청사변 발발 이후에 역시 전란으로 적지 않은 산동성 주민이 한국으로 피난 와서 정착하게 되었다.

화교 발전기(1910~1922)

1910년 조선에서는 일본이 조선총독부를 설치하여 식민지 침탈을 본격화하였고, 1911년 중국에서는 신해혁명이 발생하여 봉건왕조인 청조를 타도하고자 중화민국이 설립되었다. 이러한 혼란시기에 더욱더 많은 중국 농민은 조선으로 이주하기 시작하였다. 이에 일본 총독부는 화교 인구가 점차 증가되는 것을 발견하고, 화교 거주지를 제한하기 시작하였으며, 관세를 올려 통상을 제한하였다. 비록 일본이 화

57 청 상인들의 수가 늘어나면서 고종 21년(1884)에 독판교섭통상사무 민영목(閔泳穆)과 총판조선상무 천수탕(陳樹棠) 사이에 인천구화상지계장정(仁川口華商地界章程)이 조인돼 인천에 청전관조계가 설정됐다. 전관조계는 필요한 토지를 외국 정부가 한꺼번에 영구히 임대하는 것을 말한다. 청의 전관조계는 인천 서북지역, 선린동 일대 구릉지대에 위치했으며 면적은 약 5천 평이었다. 장정의 내용은 조계가 다 찼을 때에는 확장할 수 있도록 하고 청인들이 각국 공동조계 내에 거주할 수 있는 권리도 보장됐다(자료: 인천시역사자료관 홈페이지).

교 유입을 제한하려 했지만, 조선에 이주한 화교 인구는 이 시기에 오히려 계속 증가하여 1910년 화교는 13,000명, 1912년 15,909명, 1916년에는 17,976명까지 달하게 되었다. 특히 1927년 전후 한국 내 화교의 경제 활동은 최고로 번성하였고, 비단포목점, 양장점, 이발소, 중식요리점 등을 경영하였다.

화교 혼란기(1930~1945)

1930년초 중일전쟁 전후부터 1945년 한국의 일본 식민통치 해방 시기까지 화교는 혼란기를 경험하게 된다. 이 시기는 일본은 지속해서 화교와 한국인 사이를 멀어지게 하기 위해 부정적인 측면을 부각시켰다. 그 결과 화교와 한국인 간에는 많은 분쟁이 발생했다. 그중 가장 대표적인 것은 1931년 중국 길림성의 중국과 한국 농민 사이에 일어난 유혈사태, 즉 만보산 사건이다. 1931년 7월 2일, 중국 길림성(吉林省) 장춘현(長春縣) 만보산(萬寶山) 지역에서 한국·중국 농민 사이에 충돌사건이 발생했다. 중국을 침략하려는 일본은 한국 농민의 만주 이주를 일본인 이주의 발판으로 이용하려고 하였으며, 그 와중에 만보산 사건이 발생한 것이다. 이 사건을 계기로 한국에 거주하던 화교와 한국인 사이는 서로 혐오하는 정서가 생겼다. 이로 인해 한국에 있던 일부 화교들은 조국에 돌아가게 되어, 한국에 살던 화교의 인구는 일시에 40%까지 줄어들게 되었다.

화교 정체기(1950~1991년)

1950년 전후부터 1970년말까지 세계는 냉전 시기에 돌입하게 된다. 1945년 8월 15일 일본의 항복으로 2차대전이 끝나고 주권을 회복한 한국은 바로 외국인의 한국 이민을 금지하는 법령을 공포하게 된다. 한편 1949년 10월 1일, 혁명에 성공한 新중국의 마오쩌둥 공산주의 정부는 쇄국 정책을 실시하였다. 결국 그동안 한국과 중국을 왕래하던 화교는 점차 축소되고, 양국간 무역 거래도 최소화된다. 일본 강점기에 조선에 주재하던 화교 부녀자의 인구비는 총 화교의 26%에 불과하여, 한국 해방과 新중국 성립으로 중국에 돌아갈 수 없었던 화교 청년들은 남녀 인구비의 불균형으로 한국인 여자와 결혼하기 시작하였다.

1953년 7월, 한국전쟁이 끝나자 대만 당국은 남한에 대사관을 세우고 화교에게 대만 여권을 발행하였다. 반면에 중국은 북한에 대사관을 설치하고 화교를 대상으로 중국 여권을 발급하였다. 이 시기 한국 화교들은 본인의 의지와는 상관이 없이 대만 국적, 혹은 중국 국적을 취득하게 된 것이다. 그 후 한국은 이승만 대통령(1953년)과 박정희 대통령(1962년) 집권 시기에, 2차례에 걸쳐 화폐 개혁을 진행하였고, 그로 인해 한국 화교가 소지했던 현금은 가치가 급격하게 떨어져 경제적인 피해가 막심하였다.[58]

한국 화교들은 부동산 소유에도 많은 제한을 받았다. 1968년 공포된 '외국인 토지법'에 따라 외국인은 주거용 주택 한 채(650㎡, 200평)와 상점 한 곳(170㎡, 50평)만 소유할 수 있었다. 따라서 많은 화교들이 이후 한국 사람의 명의로 토지와 부동산을 사게 되었으나, 소유권 분쟁을 겪는 등 부작용이 발생하였다. 1997년 이전 한국의 국적법은

58 한국은 1945년 해방 이후 3차례 화폐 개혁을 하였는데, 이 중 두 번째는 6.25전쟁 후 막대한 전비지출에 따른 통화증발로 1952년 초부터 물가상승이 심화되자 과잉구매력 흡수와 체납국세 및 연체 대출금 회수를 목적으로 1953년 2월 17일부터 통화단위를 1/100로 절하하고 화폐 호칭을 원(圓)에서 '환'으로 변경함. 세 번째는 5.16 군사정변 후 확장적 거시정책에 의하여 누적된 과잉통화를 흡수하여 물가상승을 미연에 제거하고 쓰지 않는 퇴장자금을 양성화하여 경제개발에 필요한 자금조달 목적으로, 1962년 6월 10일에 실시함. 통화단위를 1/10로 절하하고 화폐호칭을 '환'에서 '원'으로 변경함(자료: 김동하. 2015).

부계에 의한 속인주의를 채택하고 있었다. 따라서 아버지가 화교이고, 어머니가 한국인 경우에는 아버지 국적을 따라야 했다. 또한 화교들은 외국인으로 등록되어 5년 마다(이전에는 3년마다) 거주 등록을 갱신하는 불편함이 있었다. 화교의 귀화에도 재산증명서 제출과 추천서(공무원, 국회의원, 교원)를 요구하여 장벽이 존재했다. 또한 1977년 한국 정부의 부가가치세제 도입으로 한국에서 주로 음식업 사업을 경영하던 화교는 다시 타격을 받아 많은 화교들이 미국으로 이민을 떠나게 되었다.

新화교 시대(1992년 이후~현재)

1992년 8월, 한국은 대만과 단교하고 중화인민공화국(중국)과 국교를 체결하였다. 그 결과 한국 화교에도 새로운 시대가 도래하였다. 한중 수교 이후, 한국에 거주하게 된 중국 국적의 상공인, 한국인과 결혼하였으나 중국 국적을 유지하고 있는 영주권자, 재한 중국 유학생 등 중국 국적의 화교가 급증하게 되었다. 따라서 한국 화교 사회는 기존의 대만 국적 화교와 중국 국적 화교 두 종류가 공존하고 있는, 新화교 시대가 도래하게 된 것이다. 이후 화교 관련 정책도 많이 개정되어 국적법 개정(1997년. 양계 혈통주의 채택으로 부모 중 한 명이 한국인이면 한국 국적 취득가능), 외국인 부동산 취득 허용 및 절차 간소화(1998년), 외국인 영주 허용(2002년) 등으로 화교의 재산권과 체류 및 국적 취득 관련 불편함이 다소 해소되었다. 특히 최근에는 제8차 세계 화상(華商)대회의 서울 개최(2005. 10), 한국 내 화교학교에 대한 학력 인정 권고(2006. 9. 국가인권위원회), 대규모 일산 차이나타운 착공(2008) 등 新화교시대 도래에 따른 새로운 변화의 바람도 불고 있다.

한국 화교 현황

1999년 통계에 따르면, 한국 화교는 21,806명이며, 이 중 대만 출신이 약 100명이었고, 나머지는 산동성 출신이었다. 2002년 말 한국 각지의 화교협회 호적인구 통계에 근거하여 집계한 화교 인구수는 21,782명이다. 이 중 산동성 출신이 90%를 차지하였고, 그 다음은 하북성 출신이 약 3%, 동북 각성 출신은 약 2%를 차지하였다. 그 외 광동, 호북, 산서, 절강, 귀주, 사천 지역 출신이 약간 명 있는 것으로 조사되었다.

한국에서 화교들이 많이 모여 사는 지역으로는 서울, 인천, 부산, 대구 등을 꼽을 수 있다. 화교 상공인들의 경제 단체인 한국중화총상회 자료에 따르면 2001년 기준으로 이들 지역에 거주하는 화교는 서울 8,900여 명, 인천 2,900여 명, 부산 2,000여 명, 대구 1,000여 명 등으로 나타났다. 지난 20년 간 약 10만 명에 달하던 한국 화교의 숫자가 2만 명으로 줄어들었다. 이에 비해 일본의 경우 중국인 유학생들을 적극적으로 유치하는 등 화교 사회를 육성하기 위해 노력한 결과 지난 10년 간 화교 숫자가 5만 명에서 50만 명으로 10배가 늘어났다.

한국 화교 130년 역사에서 이들 4개 도시는 화교들에게 생활과 생업의 주된 터전이었다. 많은 화교들이 모여서 활동했던 까닭에 자연스레 차이나타운(China Town)도 형성됐다.

서울의 소공동 · 명동, 인천의 북성동(선린동), 부산의 초량동, 대구의 중앙로 일대가 차이나타운으로 명성을 얻은 곳들이다. 그중에서도 인천 북성동은 국내 최초, 서울 소공동과 명동은 국내 최대의 중국인 거리로 한동안 번영을 누렸다.

그러나 한국정부의 화교에 대한 제한 정책이 심해진 1950년대 이후로 국내 차이나타운은 서서히 활기를 잃어갔다. 각종 제약이 화교들의 경제 활동을 위축시켰다. 1970년대 초부터 화교 인구가 급격히 줄면서 차이나타운은 유명무실해졌다. 쇠락하는 차이나타운을 등진 화교들은 미국, 대만 등지로 이민을 떠났다. 2008년에는 민간 주도로 일산에 대규모 차이나타운을 조성하려는 시도가 있었으나, 그해 닥친 미국발 금융위기로 인해 수포로 돌아간 바가 있다.

한국 화교에 대한 대만교무위원회 통계를 보면 2011년 이전까지는 대만 국적의 구화교만을 집계하여 2만여 명으로 기록하고 있으나, 2012년에는 중국 국적의 신화교까지 포함하여 18만 명으로 집계하고 있다. 이후 대만교무위원회의 최신 수치는 보이지 않는다.

한국 화교 통계를 확인할 수 있는 또 다른 수치는 우리나라 법무부 출입국·외국인정책본부에서 찾을 수 있다. 「출입국·외국인정책본부 2016년 통계연보」에 따르면 2016년 기준 한국계 중국인, 즉 취업, 영주, 결혼, 이민 등 자격으로 국내에 체류하고 있는 중국 국적 재외동포는 65.2만 명이다. 같은 해 이들을 포함한 장단기 한국 체류 전체 중국인은 101.6만 명 규모이다. 따라서 2016년 기준으로 한국계 중국인을 제외한 한국 내 신화교(단기 체류자 포함)는 36.4만 명이라는 수치를 추출할 수 있다.

한국 화교의 영주권 문제

2002년 5월, 한국거주 화교에게 영주권이 부여되기 전까지 화교의 법적 지위는 불안정한 상태에 있었다. 1948년 12월 제정된 한국의 국적법은 속지주의가 아닌 속인주의를 따랐다. 따라서 화교는 자연히 외국인 신분이 되어 한국인이 되려면 까다로운 귀화조건을 충족시켜야 했다. 그래서 대부분의 화교는 대만 국적을 포기하지 않고 외국인으로 살았다.

1960년대초부터 18세에 달한 화교에게 외국인 등록을 의무화하였다. 3년마다 거주권 신고를 하게 하여, 성인 화교는 화교협회를 통해 법무부에 외국인 등록을 해야 했다. 한국의 화교는 일본의 한국인과 달리 영주권이 부여되지 않았다. 이는 행정 서비스, 금융 서비스, 일상생활에서의 불편을 의미한다.

화교에 대한 경제적 차별도 존재했다. 1961년 〈토지법〉 제정으로 외국인의 토지 소유가 금지되어 화교들은 몇 대째 살아온 집과 토지를 팔아야 했다. 이는 1968년에 이르러 1세대 1주택에 한하여 200평 이하, 영업용 50평 이하 소유가 가능하도록 개정된 바 있다. 1970~90년대 부의 주요한 축적 수단이 부동산 투자였지만 화교들은 길이 차단되어 있었던 것이다.

2002년 4월, 한국정부는 영주 자격 제도(F5. 영주자격)를 개선하여, 그동안 체류에 불편함을 감수해야 했던 화교들에게 영주권을 부여하였다. 즉 한국정부는 그동안 대만 여권을 소지한 채, 한국에서 장기 거주해온 화교에게 영주권(F5)을 부여하게 된 것이다.[59]

세계 화상(華商)대회의 서울 개최

규모를 갖춘 차이나타운이 없는 한국에서 세계 화교상인 대회가 2005년에 개최되었다. 2005년 10월에 제8차 세계화상(華商)대회가

59 '한국에서 장기 거주하는 외국인(화교 포함)의 거류에 관한 법규'를 개선하여, 2002년 4월 18일, 대통령령 제17579호로 〈출입국관리법 시행령 수정령〉을 발표했다. 장기거류자격(F2)을 가신 외국인이 한국에 만 5년 이상 거주한 자 및 해당자의 20세 미만의 자녀, 그리고 합법적으로 신청하여 허가를 받은 자는 F5 영주권을 부여하고 외국인 등록증을 발급한다. 또한 2002년 4월 27일 법무부는 〈출입국관리 실행규칙 부분 수정령〉을 공포하여, F5 자격권자에게는 영구 거주권을 주며, F2는 1차에 거주 기간을 3년을 주도록 했다(자료: 출입국·외국인정책본부. www.immigration.go.kr).

서울에서 개최(10월 9일~12일)되어 당시 노무현 대통령이 참석하였다. 세계 화상대회는 전 세계 화교의 인적 네트워크와 경제협력을 강화하기 위해 리콴유 前 싱가포르 총리의 제안으로 시작된 전 세계 화교 기업인들의 '비즈니스 올림픽'이다. 1991년 첫 대회가 열린 이래 싱가포르, 태국, 말레이시아, 홍콩, 캐나다 등을 오가며 7차례 대회가 열렸다.

전 세계에 퍼져 있는 6,000만 명의 화교들이 보유하고 있는 것으로 추정되는 유동자산은 3조 달러. 서울 대회에는 전 세계 30여 개국에서 3,000여 명의 화교 기업인들이 참가했다. 그동안 세계 화상대회는 화교 기업인들 간의 친목대회 성격이 강했다. 그런데 이번 서울 대회는 화상들과 한국 기업이 서로 만나 비즈니스 기회를 창출하는 데 초점을 둔 것이 특징이었다. 한·화상 라운드포럼, 1대1 상담, 벤처캐피털 포럼, 투자설명회 등 한국 기업인과의 교류의 장이 다양하게 마련되었다. 이 때문에 그간 세계 화상대회에 참석하지 않던 중국 롄샹(聯想)그룹의 류촨즈(柳傳志) 회장, 홍콩 아시아파이낸스그룹 천유칭(陳有慶) 회장, 인도네시아 리포그룹 리원정(李文正) 회장 등 거상들이 참여했다. 또한 대만 포모사그룹 왕융칭(王永慶) 회장의 아들 왕원양(王文洋), 홍콩 골드라이온그룹 2세 경영인 쩡즈밍(曾智明) 부회장 등 화교 재벌 2세들도 참여했다.

화교자본은 전 세계에 걸쳐 막강한 네트워크와 자금력을 갖추고 있다. 미국 실리콘 밸리 기업의 50%가 중국계다. 이들 중국계 벤처기업은 쓸 만한 사업 아이템이 있으면 미국의 벤처캐피털이 아니라 홍콩이나 싱가포르로에서 투자 상담을 하고 자금지원을 받는다. 바로 화상(華商)들의 네트워크를 활용하는 것이다. 또 이렇게 해서 생산된 제품들은 화교 네트워크에 따라 중국에서 생산돼 전 세계로 팔려나가게 되는 것이다. 화교자본은 특히 금융, 유통, 부동산업 등에 강점을 가지고 있다. 일례로 인도네시아의 리포그룹은 전 세계에서 150여 개의 초대형 쇼핑몰을 운영하고 있는 유통 재벌이다. 이러한 화교 자본의 특징이 한국 기업의 기술이나 경영노하우와 결합되면 시너지

≫ 한국 화교사 주요 연표

연도	주요 내용
1882	임오군란 발발과 함께 청군의 군역 상인으로 화상들이 처음 서울에 옴
1884	인천에 청국 조계(租界)가 설정
1901	서울 지역 화상들이 연합해 한성중화상회를 설립
1912	중화민국 수립으로 서울의 청국총영사관이 중화민국 총영사관으로 바뀜
1913	인천, 부산, 원산의 중화민국 조계가 폐지됨
1931	'만보산 사건'으로 인해 조선 전역에 화교 배척 경향이 확산됨
1949. 10.1	중화인민공화국 수립
1955	중화요식업총회 설립
1957	무역법 제정(외국인 무역업자는 한국정부의 허가를 얻어야 됨)
1961	외국인 토지소유 금지령 공포
1968	〈외국인토지법〉 공포. 주택용지 200평, 영업용지는 50평으로 소유한도 설정
1969.6	한성화교협회 창립(이전 화교자치구. 대만 계열)
1973	중화음식점 쌀밥 판매 금지령 공포(3개월 만에 해제)
1992	한·중 국교 수립과 동시에 한·대만 국교 단절
1998	화교의 체류 허가기간을 3년에서 5년으로 연장
1999	한국화교경제인협회 설립 〈외국인의 토지취득 및 관리에 관한 법률〉 시행으로 토지소유 제한 조치가 해제됨
2002	중국재한교민협회총회 창립(2002. 2). 주한중국대사관의 관리감독 단체 영주권 관련 법규 개정으로 화교에 영주권이 부여됨
2004	한국중화총상회 설립
2005	제8차 세계화상대회 서울 개최
2008	일산 차이나타운 착공(2013년 개발계획 무산)

자료: 한성화교협회, 중국재한교민협회총회 외 각종 공개자료 종합(2017. 7).

효과를 낼 수도 있다.

위축되는 한국 화교사회가 현실임에도 불구하고, 화상대회가 서울에서 개최된 이유는 개최 장소 결정권을 가진 싱가포르, 태국, 홍콩 등 3개국 중화총상회에 한국 화교들의 열악한 상황을 개선하자는 공감대가 형성됐기 때문이라고 한다.

≫ 중국재한교민협회총회 행사 사진

자료: 한국신화망(http://www.koreaxh.com 검색일자: 2017. 7).

참고문헌

강영문(2014), 『동남아 화교비즈니스』, 전남대출판부.

거삼원(1996), 중국의 화교정책과 재외화교기업의 중국대륙 투자, 「중소연구」 69집.

고영근·김동하(2010), 『중국의 상관습과 지역별 비즈니스 환경』, 부산외대출판부.

곽복선·김동하·서창배·김형근·장정재(2014), 『중국경제론』, 박영사.

국립중앙박물관(2013), 『싱가포르의 혼합 문화 페라나칸』, 국립중앙박물관.

김남현(1997), 초기 중국인 사회조직체 연구: 6大中華會館을 중심으로, 「미국사연구」 6권.

김동하(2010), 『위안화 경제학』, 한스미디어.

김동하(2011), 『차이나 소프트 파워』, 도서출판무한.

김동하(2013), 『차이나 머천트』, 한스미디어.

김동하(2013), 『중국지리의 이해』, 부산외대출판부.

김동하(2013), 『현대 중국경제와 통상제도(2판)』, 부산외대출판부.

김동하(2015), 『중화경제권의 이해』, 부산외대출판부.

김두진(1990), 중국의 대ASEAN 화교정책, 「아세아연구」 84호.

김부용(2012), 질적 변환기 맞은 중국기업의 해외진출, 「친디아저널」 66권(2012.2).

김시윤(2010), 발전국가의 탄력성과 지속성: 싱가포르 사례, 「한국행정논집」 22권 4호.

김창도(2009), 화상 네트워크 모국과 상생, 「친디아저널」 40권(2009.12).

김현재(2010), 베트남 華人사회의 형성과정, 그 역할과 특성에 대한 고찰, 「인문논총」 25권.

다뚝 자이날 아비딘 빈 압둘 와히드(1998), 소병국 역, 『말레이시아史』 오름.

두위(2011), 「중국인 사용설명서」, 문화발전.

룽쯔민(2005), 「상경상술」, 팜파스

리단(2009), 해외 화교 중국의 소프트 파워 네트워크, 「친디아저널」 40권(2009.12).

리우루이·루평치(2007), 중국의 "저우추취" 전략 및 그 효과에 대한 분석, 「한중사회과학연구」 5권 1호.

매리 하이듀즈(2012), 박장식 외 역, 『동남아의 역사와 문화』, 솔과학.

박강(2010), 『아편과 20세기 중국』, 선인.

서창배(2011), 중-홍콩/마카오 CEPA의 경제적 효과, 「중국학」 제40집.

손준식(1999), 화교경제권과 중국의 화교정책, 「민족발전연구」 3집.

양승윤(1998), 『싱가포르』, 한국외국어대학교출판부.
양승윤(2003), 『인도네시아』, 한국외국어대학교출판부.
왕왕버(2012), 현지사회와 잘 융합된 말레이시아 화교, 「친디아저널」 69권(2012.5).
왕왕버(2012), 차별을 넘어 부상하는 인도네시아의 화교, 「친디아저널」 70권(2012.6).
왕왕버(2012), 현지인 대우받는 태국 화교, 「친디아저널」 72권(2012.8).
왕왕버(2012), 주류지만 지배하지 않는 싱가포르 화교, 「친디아저널」 71권(2012.7).
윤영덕(2007), 중국의 "일국양제"(一國兩制)와 경제특구 선전, 「아시아연구」 10권 1호.
이덕훈(1999), 필리핀화교의 정착과 적응, 「아시아연구」제1권.
이덕훈(2005), 『화교경제의 생성과 발전』, 한남대출판부.
이재유·허흥호(2006), 화교기업의 발전과 경영특성, 「중소연구」 110호.
이즈미다 히데오(2014), 『해역아시아의 차이나타운 화인가』, 도서출판 선인.
정미경(2012), 캄보디아 화교사회에 사회 및 경제 네트워크, 「아시아연구」 15권1호.
조영남(2016), 『덩샤오핑 시대의 중국』, 민음사.
조정남(1998), 중국인의 민족상황과 화교집단, 「민족연구」 1호.
조정원(2009), 중국의 화교 정책에 대한 연구, 「민족연구」 37권.
조현준·이인구(2007), 중국 FTA정책의 정치경제적 목적과 결정요인, 「동북아경제연구」 제19권 1호.
주간무역(2014.1.24.), 2014년 주요 수출시장 프리뷰 ④홍콩, www.weeklytrade.co.kr
주간무역(2014.2.7.), 2014년 주요 수출시장 프리뷰 ⑤싱가포르, www.weeklytrade.co.kr
주간무역(2014.2.21.), 2014년 주요 수출시장 프리뷰 ⑦대만, www.weeklytrade.co.kr
최승현(2003), 현대 중국 교민정책에 대한 소고, 「중국학논집」 16호.
한중경제포럼(2003), 『현대 중국건설과 화교의 역할』, 재외동포재단.
홍재현(2011), 인도네시아 화교사회 형성과 반화교폭동에 대한 연구, 「중국인문과학」 제47집.
KOTRA 해외비즈니스 정보포털(2013), www.globalwindow.org 국가정보-홍콩.
KOTRA.「국가정보 홍콩」(2014.3).
KOTRA 해외비즈니스 정보포털(2013), www.globalwindow.org 국가정보-싱가포르.
KOTRA 해외비즈니스 정보포털(2013), www.globalwindow.org 국가정보-대만.
丘进(2011), 「华侨华人蓝皮书:华侨华人研究报告(2011)」, 社会科学文献出版社.
丘进(2012), 「华侨华人蓝皮书:华侨华人研究报告(2012)」, 社会科学文献出版社.
丘进(2013), 「华侨华人蓝皮书:华侨华人研究报告(2013)」, 社会科学文献出版社.

贾益民(2014),「华侨华人蓝皮书:华侨华人研究报告(2014)」, 社会科学文献出版社.

贾益民(2015),「华侨华人蓝皮书:华侨华人研究报告(2015)」, 社会科学文献出版社.

贾益民(2016),「华侨华人蓝皮书:华侨华人研究报告(2016)」, 社会科学文献出版社.

房学嘉(2011),『摘要解读客家历史与文化:文化人类学的视野』, 知识产权出版社.

许怀林(2016),『客家社会历史研究』, 暨南大学出版社.

林晓平 魏炜主编(2016),『苏区·客家·侨乡』, 黑龙江人民出版社.

肖文评(2015),『客家村落』, 暨南大学出版社.

刘权(2002),『广东华侨华人史』, 广东人民出版社.

林勇主编(2015),『华侨华人研究报告:2013-2014』, 光明日报出版社.

李学民(2008),『印尼华侨史』, 广东高等教育出版社.

梁碧莹(1985), 美国与中国的'苦力'贸易—兼论十九世纪中国旅美'苦力'华工,「中山大学学报(哲学社会科学版)」1985年1期.

霍媛(2006), 华人与泰国现代化发展, 华东师范大学 学位论文.

史金纳(1964), 泰国华侨社会,史的分析, 载「南洋问题资料译丛」, 1964年 第1期.

施坚雅(G.William Skinner)(2010),『泰国华人社会:历史的分析』, 厦门大学出版社.

庄国土(2001),「华侨华人与中国的关系」, 广东高等教育出版社.

庄国土·刘文正(2009),『东亚华人社会的形成和发展』, 厦门大学出版社.

王望波·庄国土(2010),「2008年海外华侨华人概述」, 世界知识出版社.

庄国土(2006), 近30年来的中国海外移民:以福州移民为例,「世界民族」2006年第3期.

庄国土(2009), 东南亚华侨华人数量的新估算,「厦门大学学报(哲学社会科学版)」2009年3期.

谭乐生(2012),『五邑华侨与辛亥革命』, 广东教育出版社.

李春辉·杨生茂(1990),『美洲华侨华人史』, 东方出版社.

黄昆章(2005),『印尼华侨华人史(1950~2004)』, 广东高等教育出版社.

吴洪芹(2007), 从侨资企业看FDI在我国经济发展中的作用,「中国外资」2007年第8期, 国务院侨务办公室国外司司长.

朱国宏(1994),『中国的海外移民—一项国际迁移的历史研究』, 复旦大学出版社.

华人经济年鉴编辑委员会(2010),『华人经济年鉴(2009~2010)』, 中国华侨出版社.

沈已尧(2006),「海外排华百年史」, 外文出版社, 译者:石毅.

鄧小平(1993),『鄧小平文選』第3卷, 人民出版社.

海外侨情观察编委会(2014),『海外侨情观察』 2013-2014, 暨南大学出版社
海外侨情观察编委会(2015),『海外侨情观察』 2014-2015, 暨南大学出版社
海外侨情观察编委会(2016),『海外侨情观察』 2015-2016, 暨南大学出版社
罗英祥(1994),『漂洋过海的客家人』, 河南大学出版社.
毛起雄·林晓东(1993),『中国侨务政策概述』, 中国华侨出版社.
苏瑞福(Saw Swee-Hock·新加坡)(2009),『新加坡人口研究』, 厦门大学出版社.
国务院侨务办公室(1984), 《关于华侨、归侨、华侨学生、归侨学生、侨眷等身份解释(试行)》的通知 (1984.6.23.).
国务院侨办侨务干部学校 编著(2005),「华侨华人概述」, 九州出版社.
中国侨网(2007.12.7), 中国经济繁荣掀起回流潮 澳洲香港移民只剩六成
2008年世界華商發展報告(中國華網. 2009.2.2.).
「亚洲周刊」(2009), '全球华商1000排行榜' 「亚洲周刊」 2009年12月 48期(2009. 12.6.).
中華民國僑務委員會(2013),「僑務統計年報2012」.
商务部·国家统计局·国家外汇管理局(2010), 《2009年度中国对外直接投资统计公报》.
中國自由貿易區服務網 http://fta.mofcom.gov.cn
中國網 www.china.com.cn
行政院主計總處 中華民國統計資訊網 www.stat.gov.tw 통계D/B
싱가포르 정부 홈페이지(SINGOV) www.gov.sg
싱가포르 정부 디렉터리 www.sgdi.gov.sg
싱가포르정부 FTA 포털 www.fta.gov.sg
싱가포르통계국 www.singstat.gov.sg
대만 행정원 주계총처 대만통계망 www.stat.gov.tw
대만경제부 국제무역국 경제자문망 www.trade.gov.tw
대만교무위원회 www.ocac.gov.tw
홍콩역사박물관 http://hk.history.museum
홍콩해양경비박물관 http://hk.coastaldefence.museum
홍콩해사박물관 www.hkmaritimemuseum.org
중국갑오전쟁박물관 www.jiawuzhanzheng.org
선전박물관 www.shenzhenmuseum.com

광동화교박물관 www.gdhqbwg.com
하문화교박물관 www.hqbwy.org.cn
중국객가박물관 www.zgkjbwg.com
정대그룹 중국 홈페이지 www.cpgroup.cn
태국중화회관 www.chonghua.or.th
세계화상연합회 www.wcmu.cn
국무원 교무판공실 www.gqb.gov.cn
Forbes 중문 사이트 www.forbeschina.com
Forbes 중문 사이트, 2014福布斯华人富豪榜(2014.4.21)
제26회 세계객가대회 공식 사이트 www.hakka26id.com(2014.7)
국무원 화교사무판공실 www.gqb.gov.cn
국무원 대만판공실 www.gwytb.gov.cn
홍콩 정부통계처 www.censtatd.gov.hk
香港金融管理局 www.hkma.gov.hk
Hongkong Census and Statistics Department(2012), 「香港統計年刊 2012年版」(www.censtatd.gov.hk)(2014.7)
Dudley L. Poston, Jr., Michael Xinxiang Mao and Mei-Yu Yu(1994), The Global Distribution of the Overseas Chinese Around 1990, Population and Development Review, Vol. 20, No. 3(Sep, 1994).
Zhang, S. and Zhang, A(1987). "The present Management Environment in China's Industrial Enterprises," *Reform in China : Chanllenges and Choices*, Reynolds, B.L.
http://immigrants.harpweek.com

찾아보기